Genetik und Entwicklung

Immunbiologie · Evolution · Verhalten

Biologie-KOMPAKT 2

STARK

Umschlagbild: kirstypargeter/iStockphoto

1. Auflage 2018

Inhalt

Vorwort

Autor: Hans-Dieter Triebel

Hinweise:

- Die entsprechend gekennzeichneten Kapitel enthalten ein **Lernvideo**. An den jeweiligen Stellen im Buch befindet sich ein QR-Code, den Sie mithilfe Ihres Smartphones oder Tablets scannen können.
  Im Hinblick auf eine eventuelle Begrenzung des Datenvolumens wird empfohlen, dass Sie sich beim Ansehen der Videos im WLAN befinden. Haben Sie keine Möglichkeit, den QR-Code zu scannen, finden Sie die Lernvideos auch unter:
  http://qrcode.stark-verlag.de/94719V
- Die mit **(1)** gekennzeichneten Verweise auf weitere relevante Textstellen beziehen sich auf den Band **Biologie-KOMPAKT 1** (Zellen und Stoffwechsel, Nerven, Sinne und Hormone, Ökologie; Verlags-Nr. 94718V).

Vorwort

Liebe Schülerinnen und Schüler,

die Bände Biologie-KOMPAKT 1 (Verlags-Nr. 94718V) und 2 bieten Ihnen eine kompakte, aber gleichzeitig präzise und umfassende Darstellung des Unterrichtsstoffs der Biologie. Die Bücher eignen sich daher sowohl ausgezeichnet für den Schulalltag, parallel zu Ihren persönlichen Aufzeichnungen, als auch zur effektiven Vorbereitung auf Klausuren und das Abitur.

- Alle relevanten Fakten und Zusammenhänge stehen Ihnen damit **schnell und übersichtlich** zur Verfügung.
- Wichtige **Fachbegriffe** sind **farbig** hervorgehoben.
- Die Inhalte werden durch zahlreiche verständliche und schnell erfassbare **Grafiken**, **Diagramme und Schemata** veranschaulicht.
- Das **umfangreiche Stichwortverzeichnis** ermöglicht Ihnen die gezielte Suche nach bestimmten Begriffen und Inhalten.
- **Querverweise** erleichtern das Auffinden von themenübergreifenden und vertiefenden Darstellungen.

Zu ausgewählten Themen gibt es **Lernvideos**, in denen wichtige biologische Zusammenhänge dargestellt werden. An den entsprechenden Stellen im Buch befindet sich ein QR-Code, den Sie mithilfe Ihres Smartphones oder Tablets scannen können.

Ich wünsche Ihnen Freude an der Biologie und diesem Band und vor allem viel Erfolg auf dem Weg zum Abitur!

Hans-Dieter Triebel

Genetik und Entwicklung

1 Klassische Genetik – Mendelsche Regeln

Die Gesetze der Vererbung, nach denen Merkmale an die Nachkommen weitergegeben werden, wurden in der zweiten Hälfte des 19. Jahrhunderts durch Johann Gregor MENDEL (1822–1884) beschrieben.

1.1 Monohybride Erbgänge

MENDEL führte zunächst Kreuzungen mit **reinerbigen (homozygoten)** Erbsenpflanzen durch, die sich nur in einem einzigen sichtbaren Merkmal unterschieden, z. B. rote und weiße Blütenfarbe. Nur ein Merkmal betreffende Erbgänge bezeichnet man als **monohybrid**.

Monohybrider dominant-rezessiver Erbgang
Die aus den Samen von gekreuzten Elternpflanzen **(Parentalgeneration, P)** mit roten bzw. weißen Blüten entstandenen Tochterpflanzen **(1. Filialgeneration, F_1)** hatten einen **uniformen Phänotyp** (Erscheinungsbild), d. h., sie sahen alle gleich aus. Aus diesem Phänomen leitete MENDEL eine Regel ab:

1. Mendelsche Regel (Uniformitätsregel): Kreuzt man reinerbige Individuen einer Art, die sich in einem Merkmal unterscheiden, so sind die Nachkommen in der F_1-Generation untereinander gleich.

Trotz des im Beispiel einheitlich roten Phänotyps der Pflanzen der F_1-Generation ist die Anlage für „Weißblütigkeit" aber nicht verloren gegangen. Sie ist weiterhin im **Genotyp** (Erbbild) der F_1-Generation vorhanden. In einem solchen Fall liegt die Erbanlage, das **Gen**, für das betreffende Merkmal (hier: die Blütenfarbe) in zwei verschiedenen **Allelen**, d. h. Ausprägungsformen, vor. Die F_1-Individuen sind also bezüglich dieses einen Merkmals **mischerbig (heterozygot)** und werden (Mono-)**Hybride** oder Bastarde genannt. Der Phänotyp wird dabei ausschließlich vom **dominanten** Allel (hier: rot) bestimmt. Die Ausprägung des anderen Allels (hier: weiß) wird unterdrückt; dieses Allel ist **rezessiv**.

In **Erb- oder Kreuzungsschemata** wird das dominante Allel durch einen Großbuchstaben (z. B. A) und das rezessive Allel durch den entsprechenden Kleinbuchstaben (a) symbolisiert.
Bei der Kreuzung der rot blühenden Pflanzen der F_1-Generation untereinander wurde das rezessive Allel dann wieder sichtbar. Ihre Nachkommen spalteten sich wieder in rot- und weißblütige Pflanzen auf. Aus den entsprechenden Ergebnissen konnte Mendel eine zweite Regel ableiten:

2. Mendelsche Regel (Spaltungsregel): Kreuzt man die Individuen der F_1-Generation untereinander, so treten in der F_2-Generation sowohl die Merkmale der F_1-Generation als auch die der Parentalgeneration in einem bestimmten Zahlenverhältnis auf.

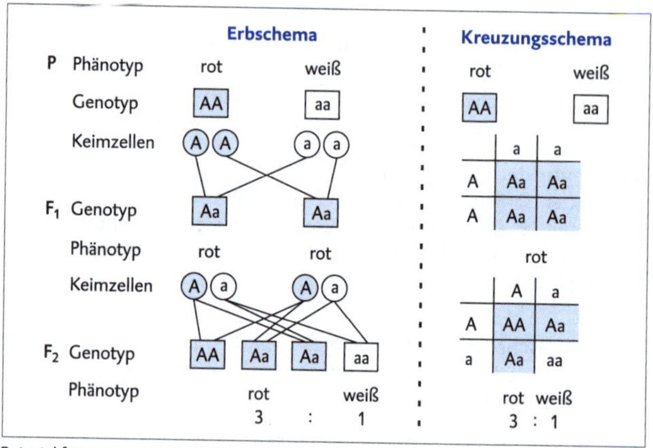

Beispiel für einen monohybriden dominant-rezessiven Erbgang

Selbstverständlich kann ein Gen auch in mehr als zwei Ausprägungen vorliegen. In diesen Fällen, z. B. beim AB0-System der Blutgruppen des Menschen (siehe S. 6), spricht man von **multipler Allelie**.

Monohybrider intermediärer Erbgang

Führt ein heterozygoter Genotyp zu einem gemischten Phänotyp (z. B. rot + weiß ⇒ rosafarbene Blüten), liegt ein **intermediärer Erbgang** vor. Es ergibt sich eine Mischform zwischen den parentalen Phänotypen, da kein Allel das andere vollständig unterdrücken kann. In einem solchen Fall sind beide Allele „gleich stark“ und tragen in gleichem Maße zur Merkmalsausprägung bei. Dieser „Idealfall“ ist aber in der Natur relativ selten.

Meist verschiebt sich die Merkmalsausprägung stärker in Richtung eines der beiden beteiligten Allele, sodass man intermediäre Vererbung auch als **unvollständige Dominanz** verstehen kann.

Die 1. und die 2. Mendelsche Regel gelten selbstverständlich auch für den intermediären Erbgang. Daher spaltet sich der uniforme Phänotyp der F_1 in der F_2 ebenfalls in einem charakteristischen Zahlenverhältnis auf.

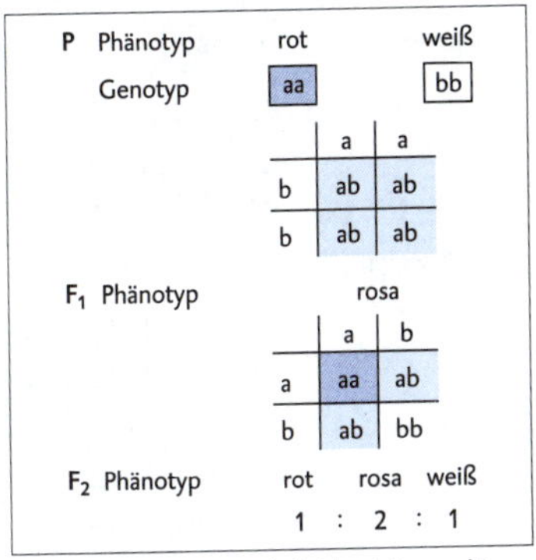

Beispiel für einen monohybriden intermediären Erbgang

Rückkreuzung

Um festzustellen, ob ein Individuum bezüglich eines dominanten Allels homo- oder heterozygot ist, führt man eine **Rückkreuzung** (Testkreuzung) mit einem homozygot rezessiven Partner durch. Sind die Nachkommen uniform, liegt Homozygotie des dominanten Allels vor. Spaltet sich dagegen der Phänotyp im Verhältnis 1 : 1 auf, ist das zu testende Individuum heterozygot.

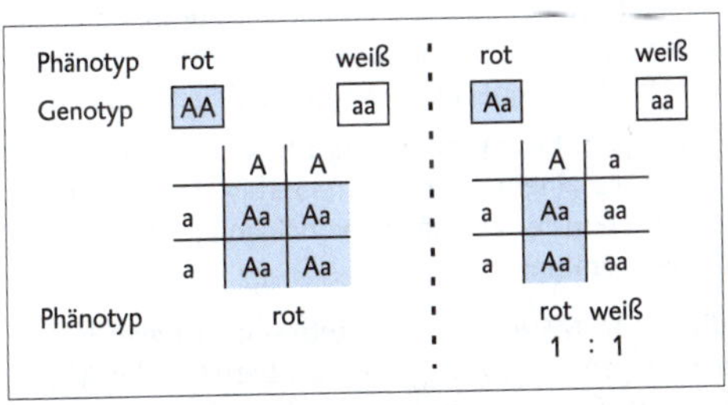

Rückkreuzung; links: untersuchtes Individuum ist homozygot; rechts: untersuchtes Individuum ist heterozygot

1.2 Dihybride Erbgänge

P Phänotyp: gelbe, runde Samen — grüne, kantige Samen

Genotyp: AABB — aabb

	ab	ab
AB	AaBb	AaBb
AB	AaBb	AaBb

F_1 Phänotyp: gelbe, runde Samen

	AB	Ab	aB	ab
AB	AABB	AABb	AaBB	AaBb
Ab	AABb	AAbb	AaBb	Aabb
aB	AaBB	AaBb	aaBB	aaBb
ab	AaBb	Aabb	aaBb	aabb

F_2 Phänotyp: gelb, rund : gelb, kantig : grün, rund : grün, kantig = 9 : 3 : 3 : 1

Beispiel für einen dihybriden dominant-rezessiven Erbgang

MENDEL untersuchte auch **dihybride Erbgänge**, bei denen sich die Erbsenpflanzen in zwei Merkmalen unterschieden, z. B. Samenfarbe (gelb/grün) und -form (rund/kantig). Auch bei diesen Kreuzungen setzten sich in der F_1-Generation die dominanten Allele durch: Alle Samen waren gelb und rund. In der F_2-Generation spaltete sich der uniforme Phänotyp wiederum auf. Dabei entstanden auch Kombinationen, die in der P-Generation nicht aufgetreten waren. Die Erbanlagen für Samenfarbe und -form wurden unabhängig voneinander vererbt und neu kombiniert. Diese Ergebnisse fasste Mendel in seiner dritten Regel zusammen:

3. Mendelsche Regel (Unabhängigkeitsregel): Kreuzt man Individuen, die sich in mehr als einem Merkmal reinerbig unterscheiden, werden die einzelnen Merkmale unabhängig voneinander vererbt und in der F_2-Generation neu kombiniert.

Nicht immer gilt diese von MENDEL beobachtete unabhängige Vererbung von Merkmalen. Liegen die Erbanlagen für die betreffenden Merkmale zusammen auf einem Chromosom, liegt **Genkopplung** vor (siehe S. 13). Die Merkmale treten dann meist auch in den Tochtergenerationen zusammen auf.

Bei seinen Versuchen wertete Mendel große Mengen an Daten statistisch aus. Das war entscheidend, denn bei den Mendelschen Regeln handelt es sich um **Wahrscheinlichkeitsgesetze**, anhand derer die bei bestimmten Erbgängen theoretisch zu erwartenden Genotypen- und Phänotypenverhältnisse ermittelt werden können. Sie besagen nicht, dass beispielsweise bei einem monohybriden dominant-rezessiven Erbgang, bei dem die F_2-Generation vier Nachkommen umfasst, drei von diesen das dominante und einer das rezessive Merkmal aufweisen müssen.

1.3 Polygenie, Polyphänie und Modifikation

Tatsächlich trifft die allen Mendelschen Regeln zugrunde liegende „Ein-Gen-ein-Merkmal"-Hypothese nur in den seltensten Fällen zu. In der Regel wird ein Merkmal nicht nur durch ein Gen **(Monogenie)**, sondern durch mehrere unterschiedliche Gene bestimmt **(Polygenie)**. Wenn das betreffende Merkmal prinzipiell durch jedes dieser Gene alleine zustande kommen könnte und die Gene sich in ihrer Wirkung lediglich gegenseitig verstärken, wird dies als **additive Polygenie** bezeichnet (z. B. die Gene, die die Körpergröße des Menschen bestimmen). **Komplementäre Polygenie** besteht, wenn mehrere Gene zur Ausprägung eines Merkmals benötigt werden, da sie dazu in unterschiedlicher Weise beitragen.

Beeinflusst im Gegensatz zur Polygenie ein einzelnes Gen mehrere Merkmale, so spricht man von **Polyphänie** (auch: **Pleiotropie**). Ein Beispiel hierfür ist das Marfan-Syndrom, bei dem die Abweichung in nur einem Gen mehrere zusammenhängende Symptome hervorruft: Durch eine krankhafte Veränderung des Bindegewebes werden Augen, Skelett und Kreislaufsystem beeinträchtigt.

Die Ausprägung eines Phänotyps kann außer durch die Erbanlagen auch durch die Wirkung von Umwelteinflüssen verändert werden. Solche individuell erworbenen **Modifikationen** werden aber nicht vererbt. An die Nachkommen wird jeweils nur eine **Reaktionsnorm** (Variationsbreite) weitergegeben, innerhalb derer die tatsächliche Ausprägung des betreffenden Merkmals schwanken kann (siehe auch S. 90). Bei der **fließenden Modifikation** verteilt sich die Merkmalsausprägung bei erbgleichen Nachkommen in einer glockenförmigen Kurve um einen Mittelwert (Gauß-Normalverteilung). Ändert sich ein Merkmal dagegen bei bestimmten Umweltbedingungen übergangslos, so spricht man von einer **umschlagenden Modifikation**. Dies ist z. B. der Fall, wenn die Bildung eines Farbstoffs in Abhängigkeit von der Temperatur initiiert oder unterdrückt wird (Chinesische Primel z. B. bildet bei > 30 °C weiße Blüten, bei < 30 °C rote).

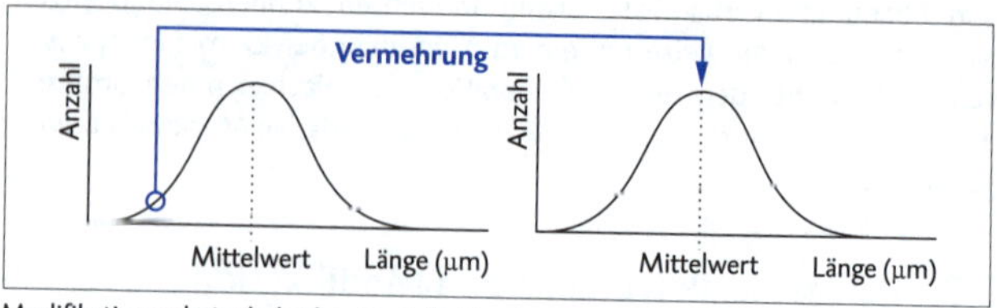

Modifikationen bei erbgleichen Pantoffeltierchen

1.4 Blutgruppenvererbung nach Mendel

Die Vererbung der Blutgruppen des Menschen, von denen die wichtigsten das **AB0-** und das **Rhesus-System** sind, folgt den Mendelschen Regeln. Es handelt sich in beiden Fällen um monogene dominant-rezessive Erbgänge.

AB0-System

Bei dem Gen, das über die Ausprägung der Blutgruppen des **AB0-Systems** bestimmt, liegt **multiple Allelie** vor. Es können drei verschiedene Allele miteinander kombiniert werden: A, B und 0.
Dabei sind die Allele A und B dominant über das Allel 0. A und B sind außerdem **kodominant**, d. h., sie werden beide ausgeprägt, wenn sie zusammen vorkommen. Die Allele A und B führen zur Bildung von spezifischen Antigenen auf der Zellmembran der **roten Blutkörperchen (Erythrozyten)**. Zur Bestimmung der Blutgruppe werden diese Antigene mit geeigneten Antikörpern (siehe S. 68 ff. und 74 f.) nachgewiesen.

Blutgruppe (Phänotyp)	mögliche Genotypen	mögliche Keimzellen	mögliche Genotypen in der F_1-Generation			
				A	B	0
A	AA, A0	A und 0	A	AA	AB	A0
B	BB, B0	B und 0	B	AB	BB	B0
AB	AB	A und B	0	A0	B0	00
0	00	nur 0				

Lange bevor der genetische Fingerabdruck (siehe S. 56 f.) zum Einsatz kam, konnte in manchen Fällen bereits die Blutgruppe z. B. zur **Vaterschaftsbestimmung** herangezogen werden. Je nachdem, welche Blutgruppen Mutter und Kind haben, kann anhand der Blutgruppe des Mannes entschieden werden, ob er als möglicher Vater infrage kommt.

Blutgruppe der Mutter	Blutgruppe des Kindes	mögliche Blutgruppe(n) des Vaters	für den Vater ausgeschlossene Blutgruppen
A	B, AB	B, AB	A, 0
B	A, AB	A, AB	B, 0
0	0	A, B, 0	AB
0	A	A, AB	B, 0
0	B	B, AB	A, 0

Rhesus-System

Bei diesem Blutgruppensystem wird zwischen den Merkmalen **rhesuspositiv** (kurz auch: **Rh(D)+, Rh+ oder Rh**) und **rhesusnegativ** (kurz auch: **Rh(D)–, Rh– oder rh**) unterschieden. Das Allel D, das für die Ausbildung von Antigenen D auf den **roten Blutkörperchen** und damit für das Merkmal Rh+ verantwortlich ist, ist dominant gegenüber dem Allel d, das nicht für die Ausprägung entsprechender Antigene sorgt und damit das Merkmal Rh– codiert. Menschen mit den Genotypen DD und Dd sind folglich rhesuspositiv und solche mit dem Genotyp dd rhesusnegativ.

2 Zytogenetik – Chromosomen und Vererbung

Damit bei der Bildung von Keimzellen jede Tochterzelle einen vollständigen Satz an Erbanlagen erhält, muss das Erbgut der Zelle entsprechend „verwaltet“ werden können.
Ort der Speicherung und der Verwaltung der genetischen Information ist der Zellkern. Darin liegen die Träger der Erbanlagen, die **Chromosomen**. Vor jeder Zellteilung kondensiert bei Eukaryoten das undifferenziert erscheinende **Chromatin** des Zellkerns aus seiner entspiralisierten „Arbeitsform“ zu lichtmikroskopisch sichtbaren Chromosomen. Diese stellen die geeignete „Transport-“ oder „Verpackungsform“ für die Verteilung des Erbmaterials auf die Tochterzellen dar (siehe Mitose, (1) S. 17 f.). Während der Metaphase (siehe (1) S. 17) sind die Chromosomen am stärksten kondensiert.

2.1 Chromosomen

Jedes Chromosom besteht unmittelbar vor einer Zellteilung aus zwei identischen Spalthälften, den **(Schwester-)Chromatiden**, die miteinander am **Zentromer** verbunden sind.

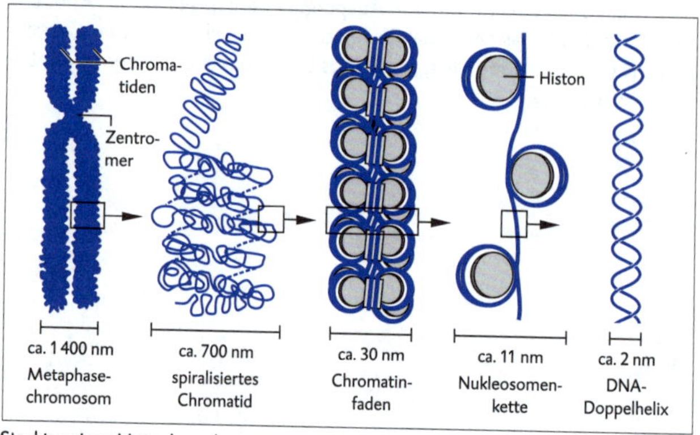

Struktur eines Metaphasechromosoms

Jedes Chromatid beinhaltet einen durchgängigen DNA-Strang, der um sogenannte **Histon-Proteine** gewunden ist. Die Einheit aus Histon und doppelt darum gewickelter DNA wird als **Nukleosom** bezeichnet. Alle Nukleosomen bilden, perlenkettenartig untereinander verbunden, die **Chromatinfäden** (auch: Elementarfäden) des Chromosoms.

In einem **Karyogramm** werden alle Chromosomen einer Zelle nach ihrer Größe, Gestalt und spezifischen Bandenmustern geordnet dargestellt. Die Teilung der zu untersuchenden Zellen wird dazu in der Metaphase der Mitose durch **Colchicin**, das Gift der Herbstzeitlose, unterbrochen, die Zellen werden zerstört und die freiliegenden Chromosomen durch Anfärben sichtbar gemacht.

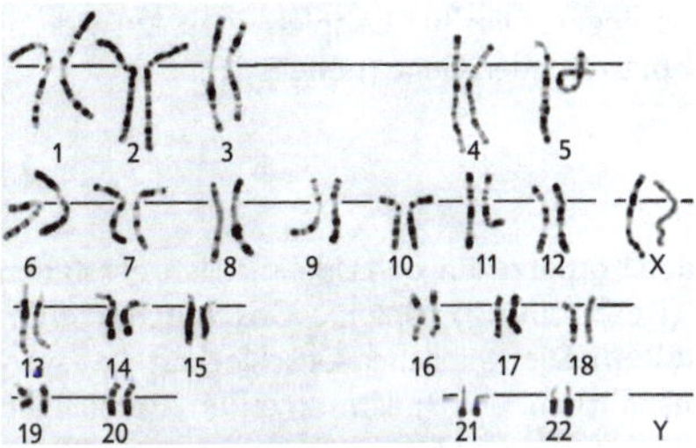

Karyogramm einer Frau

Die Anzahl der Chromosomen in einer Zelle, d. h. ihr **Chromosomensatz**, ist arttypisch. So enthalten die Zellen von Mensch und Fledermaus 46, von Schimpansen 48, von Taufliegen 8 und von Mais 20 Chromosomen.

Die 46 Chromosomen stellen den für die Körperzellen des Menschen typischen **diploiden** Chromosomensatz **(2 n)** dar, bei dem (bis auf die Geschlechtschromosomen beim Mann) jedes Chromosom in doppelter Ausführung vorliegt. Bei den Paaren handelt es sich um **homologe Chromosomen**, von denen eines von der Mutter und das andere vom Vater stammt. In den Keimzellen liegen normalerweise einfache, **haploide** Chromosomensätze **(n)** vor (siehe Meiose, S. 10 ff.). Bei der Verschmelzung von Keimzellen (Befruchtung) entsteht dann wieder eine Zygote mit einem diploiden Chromosomensatz.

Bei verschiedenen Organismen existieren aber auch Zellen mit einem mehrfachen Chromosomensatz, die entsprechende Bezeichnungen tragen, z. B. dreifach – triploid (3n), vierfach – tetraploid (4n) usw. Allgemein spricht man in diesen Fällen von **Polyploidie** (siehe auch S. 36).

Die sog. **Autosomen** liegen bei allen (nicht polyploiden) Individuen wie beschrieben jeweils in doppelter Ausführung vor. Ein weiteres Chromosomenpaar, die Geschlechtschromosomen oder **Gonosomen**, bestimmen das Geschlecht eines Organismus und können ungleich sein. Sie tragen üblicherweise die Bezeichnung X und Y. Beim Menschen und bei vielen Tieren bestimmt das Y-Chromosom die Entwicklung zum männlichen Individuum (u. a. bei Vögeln ist es aber genau umgekehrt). Allerdings sind an der Ausbildung geschlechtstypischer Merkmale auch immer Gene auf den anderen Chromosomen beteiligt.
Anders als die Frau (XX) besitzt der Mann zwei unterschiedliche Gonosomen (XY) und ist folglich bezüglich aller Gene, die auf dem X-Chromosom liegen, **hemizygot**. Das bedeutet, dass diese Gene bei ihm nur in einfacher Ausführung vorliegen. Dies hat beispielsweise Auswirkungen auf die Vererbung der betreffenden Gene (siehe S. 16).

2.2 Meiose

Aus spezialisierten diploiden Körperzellen, den Urkeimzellen, entstehen im Prozess der **Meiose (Reifeteilung)** haploide **Geschlechtszellen** (auch: **Gameten, Keimzellen**). Die weiblichen Geschlechtszellen werden als **Eizellen**, die männlichen als **Spermienzellen** bezeichnet. Während der Befruchtung verschmelzen sie miteinander und bilden wieder ein diploides Individuum. Damit sich der Chromosomensatz nicht bei jeder Befruchtung verdoppelt, wird er also vorher halbiert.
Neben der Reduktion des Chromosomensatzes ist auch die Neukombination der väterlichen und mütterlichen Erbanlagen eines Individuums eine wichtige Aufgabe der Meiose. Diesen Vorgang, der dazu beiträgt, die genetische Variabilität der Nachkommen zu erhöhen (siehe auch S. 89 f.), nennt man **Rekombination**.

Die Meiose kann in zwei Schritte untergliedert werden, die **1. und die 2. Reifeteilung**. Wie die Mitose werden auch die beiden Teilschritte der Meiose jeweils in die Pro-, die Meta-, die Ana- und die Telophase eingeteilt.

1. Reifeteilung (Reduktionsteilung)

Zunächst teilen sich die Urkeimzellen (Spermatozyten oder Oozyten). Der Chromosomensatz wird dabei von diploid auf haploid reduziert.

- Während der **Prophase** der 1. Reifeteilung finden sich die homologen Zweichromatid-Chromosomen zu **Tetraden** (Vierstrangstadium, Chromatidentetrade) zusammen.
  Während der Tetradenbildung erfolgt häufig eine gegenseitige **Überkreuzung (Chiasma)** zwischen den Nicht-Schwesterchromatiden. Die überkreuzten Segmente werden ausgetauscht und verbleiben beim jeweils anderen homologen Chromosom. Es liegt also eine **intrachromosomale Rekombination** vor. Dieser Stückaustausch zwischen väterlichem und mütterlichem Chromosom wird auch als **Crossing-over** bezeichnet.
- Bei der anschließenden **Metaphase** der 1. Reifeteilung werden die Tetraden mithilfe des Spindelfaserapparates in der Äquatorialebene der Zelle angeordnet.
- Bei der folgenden Trennung der homologen Zweichromatid-Chromosomen in der **Anaphase** der 1. Reifeteilung werden diese zufällig auf die Zellpole und damit auf die Tochterzellen verteilt. Dadurch kommt es zu einer Neudurchmischung der väterlichen und mütterlichen Chromosomen. Dies wird als **interchromosomale Rekombination** bezeichnet.

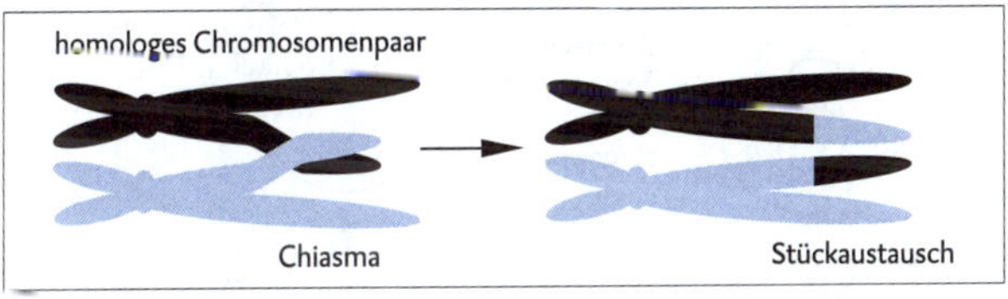

Crossing-over

- Während der **Telophase** der 1. Reifeteilung teilt sich die Zelle in die beiden haploiden Tochterzellen auf.

2. Reifeteilung (Äquationsteilung)

In diesem Schritt der Meiose werden nun in den beiden entstandenen Zellen die Schwesterchromatiden eines Chromosoms auf wiederum zwei Tochterzellen, die Keimzellen, verteilt. Dies geschieht analog zur Mitose (siehe (1) S. 17 f.).

Alle Keimzellen enthalten also Einchromatid-Chromosomen, die nach der Befruchtung durch DNA-Replikation (siehe S. 20 ff.) wieder zu Zweichromatid-Chromosomen vervollständigt werden.

Bildung von Ei- und Spermienzellen

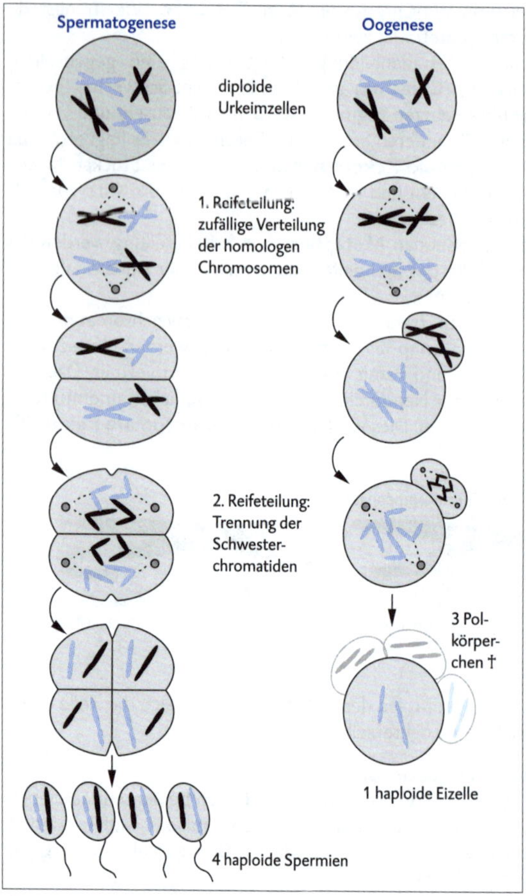

Ablauf der Meiose

Bei der Bildung der Eizellen (Oogenese) und der Spermienzellen (Spermatogenese) gibt es Unterschiede in der Verteilung des Zellplasmas:

- Bei der **Spermatogenese** entstehen während der Teilungen vier gleichwertige Keimzellen, die sich zu Spermien umwandeln.
- Die **Oogenese** dagegen führt bereits während der Reduktionsteilung zur Bildung einer Zelle, die fast die gesamte Masse des Zytoplasmas erhält, und eines sogenannten **Pol-** oder **Richtungskörperchens**. Die größere Zelle spaltet in der zweiten Teilungsphase nochmals ein Polkörperchen ab. Die Polkörperchen lösen sich auf, und als Ergebnis liegt dann eine massereiche Eizelle vor.

Bei der Befruchtung entsteht aus der Verschmelzung einer haploiden Eizelle und eines haploiden Spermiums eine diploide **Zygote** (siehe S. 61).

2.3 Genkopplung

Der amerikanische Biologe MORGAN (1866–1945) beobachtete bei der Arbeit mit der Schwarzbäuchigen Taufliege *Drosophila melanogaster* Einschränkungen der Gültigkeit der 3. Mendelschen Regel. In seinen Versuchen konnte er feststellen, dass einige Merkmale nicht unabhängig voneinander, sondern immer wieder in denselben Gruppen zusammen vererbt wurden.
Die Erklärung für dieses Phänomen liegt in der **Genkopplung:** Die beobachteten Allele befanden sich auf dem gleichen Chromosom und wurden deshalb fast immer gemeinsam vererbt. Alle auf einem Chromosom liegenden Gene bilden damit eine sogenannte **Kopplungsgruppe**.
MORGAN bemerkte aber auch, dass es zu einem **Kopplungsbruch** (auch: **Genaustausch, Entkopplung**) kommen kann: Durch Crossing-over gelangen einzelne Allele auf andere (homologe) Chromosomen. Sie sind jetzt von den anderen Allelen ihres ursprünglichen Chromosoms entkoppelt und werden unabhängig von diesen vererbt. Die Anzahl der Entkopplungen nimmt mit zunehmender Entfernung zwischen den betreffenden Genen zu, da die Wahrscheinlichkeit für ein Crossing-over größer wird.
Man kann dies ausnutzen, um den relativen Abstand von Genen auf einem Chromosom zu ermitteln. MORGAN stellte durch Ermittlung der Austauschwerte für eine Reihe von Genen **Genkarten** der Taufliege auf.

Austauschhäufigkeiten: ⇒ **Reihenfolge der Gene:**

AB = 3,6 %
AC = 1,6 %
BC = 5,2 %

1 % = 1 ME (Morganeinheit)

1,6 ME 3,6 ME
C······A·················B
├──── 5,2 ME ────┤

Dreipunktanalyse zur Erstellung einer Genkarte

2.4 Chromosomengebundene Vererbung von Krankheiten beim Menschen

Mit der Erforschung von Erbgängen, zumeist von Erbkrankheiten, beim Menschen beschäftigt sich die **Humangenetik**. Die „Werkzeuge" der Humangenetiker sind **Stammbäume**, die anhand konkreter Familiendaten erstellt werden und aus denen sich der Vererbungsmodus einer Krankheit sowie die Wahrscheinlichkeit des Auftretens der Krankheit bei den Nachkommen entnehmen lassen.

Autosomal-dominante Vererbung

Als Beispiel für einen Familienstammbaum soll die Erbfolge in einer Familie mit **Brachydaktylie** (Kurzfingrigkeit) dargestellt werden. Bei dieser Erbkrankheit sind einzelne bzw. mehrere Finger oder Zehen verkürzt.

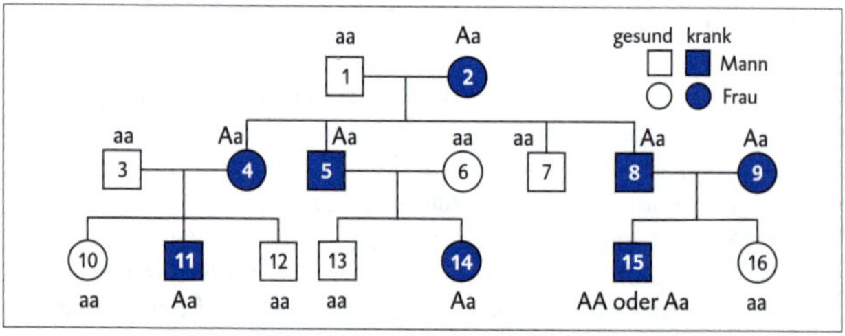

Möglicher Stammbaum einer autosomal-dominanten Vererbung (z. B. Brachydaktylie)

Aus dem Stammbaum wird ersichtlich, dass die Brachydaktylie **autosomal-dominant** vererbt wird. Autosomal bedeutet, dass das betrachtete Merkmal von einem Gen codiert wird, das auf einem Autosom liegt. Belege für diese Form der Vererbung sind die Tatsachen, dass die

Erkrankung unabhängig von den Eltern bei beiden Geschlechtern auftritt und dass sie auch eindeutig heterozygote Individuen betrifft. Würde die Krankheit rezessiv vererbt, könnte ein erkranktes Elternpaar (8, 9) kein gesundes Kind (16) haben, da bei ihnen dann das rezessive Allel reinerbig vorliegen müsste, um die Krankheitssymptome hervorzurufen. Würde das Gen geschlechtsgebunden, also X-chromosomal dominant, vererbt, könnte ein erkrankter Vater (8) keine gesunde Tochter (16) haben, da diese auf jeden Fall eines ihrer X-Chromosomen vom Vater bekommt.

Autosomal-rezessive Vererbung

Phenylketonurie (PKU) (siehe auch S. 28 und 39) ist eine rezessiv vererbte Krankheit, bei der die homozygoten Träger des rezessiven Allels aufgrund eines Enzymdefektes die Aminosäure Phenylalanin nicht zu Tyrosin umsetzen können.

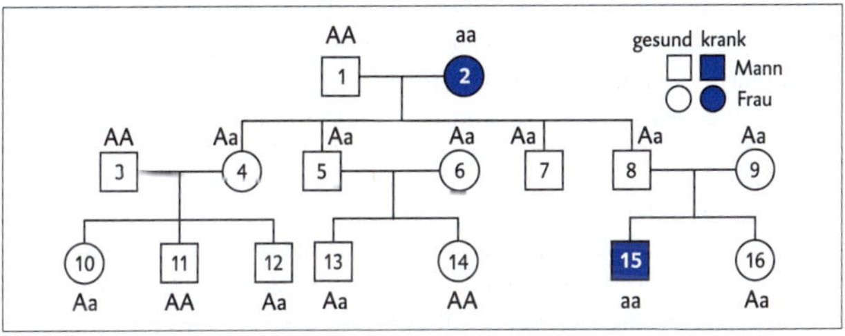

Möglicher Stammbaum einer autosomal-rezessiven Vererbung (z. B. PKU)

Liegt ein solcher **autosomal-rezessiver Erbgang** vor, sind die Merkmalsträger in jedem Fall homozygot (2, 15). Phänotypisch völlig gesunde Personen können homozygot gesund oder aber heterozygote Merkmalsüberträger, sog. **Konduktoren**, sein. Treffen zwei Konduktoren aufeinander (8, 9), wird die Erbkrankheit in der nächsten Generation mit einer gewissen Wahrscheinlichkeit wieder in Erscheinung treten (15).

X-chromosomal-rezessive (gonosomal-rezessive) Vererbung

Zu den geschlechtsgebunden, also X-chromosomal, vererbten Krankheiten gehört die **Bluterkrankheit (Hämophilie)**. Aufgrund einer Störung des Blutgerinnungssystems (Bildung von zu wenig Gerinnungsfaktor VIII oder IX) zeigen Menschen mit Bluterkrankheit bereits bei geringen äußeren oder inneren Verletzungen unstillbare Blutungen.

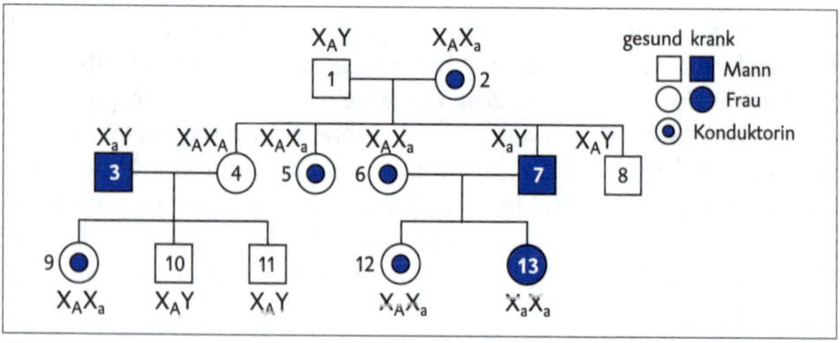

Möglicher Stammbaum einer gonosomal-rezessiven Vererbung (z. B. Hämophilie)

Den rezessiven Charakter der Vererbung erkennt man daran, dass heterozygote Frauen nur **Konduktorinnen** sind (z. B. 2, 6). Die Erkrankung tritt bei ihnen phänotypisch nicht auf, sie können diese aber an ihre Nachkommen weitergeben. Da Männer nur ein X-Chromosom haben, erkranken sie, wenn sie das rezessive Allel von der Mutter erben (7). Ihre **Hemizygotie** (in ihren Zellen liegt nur eine Kopie des Allels vor) verhindert, dass das defekte rezessive Allel „ausgeglichen" werden kann. Frauen dagegen erkranken nur, wenn sie auch vom Vater ein X-Chromosom mit dem rezessiven Allel erhalten (13).

Genetische Beratung

Liegt in einer Familie eine Erbkrankheit vor, können sich zukünftige Eltern bezüglich der Wahrscheinlichkeit, mit der sie diese Krankheit an ihre Kinder vererben werden, beraten lassen. Bei monogenen Erbkrankheiten wie den oben beschriebenen kann eine **Stammbaumanalyse** helfen, die Wahrscheinlichkeit zu bestimmen, mit der die Nachkommen erkrankt sein werden. Bei rezessiv vererbten Krankheiten ist es dazu manchmal nötig, beispielsweise mit dem sog. **Heterozygotentest** (siehe S. 39) erst einmal herauszufinden, ob phänotypisch gesunde Elternteile möglicherweise Konduktoren sind.

Im Rahmen einer **pränatalen Diagnostik** (auch: **Pränataldiagnostik**) kann ein Fetus im Mutterleib außerdem z. B. mithilfe von Ultraschall, Amniozentese (Entnahme von Zellen aus dem Fruchtwasser), Chorionzottenbiopsie (Entnahme von Embryohüllzellen) oder Nabelschnurpunktion (Entnahme von Zellen aus dem Blut) auf genetische Defekte untersucht werden. Das Erbgut der entnommenen Zellen wird durch Chromosomenanalysen (siehe Karyogramm, S. 9), biochemische Untersuchungen und Gentests (Gendiagnose, siehe S. 56 ff.) auf eventuelle

Veränderungen geprüft. Dies ist vor allem dann eine Option, wenn Schädigungen des Kindes aufgrund erhöhten Alters oder Erkrankungen der Eltern oder durch ungünstige Einflüsse vor und während der Schwangerschaft befürchtet werden.

Extrachromosomale Vererbung

Erbmaterial kommt in eukaryotischen Zellen auch außerhalb des Zellkerns vor. Diese nicht in Chromosomen vorliegende **plasmatische oder extrachromosomale DNA** befindet sich in den **Mitochondrien** und bei Pflanzen zusätzlich in den **Plastiden**. Die ringförmige mitochondriale (oder plastidäre) DNA steuert die Biosynthese eines Teils der in diesen Organellen benötigten Proteine. Die meisten Gene des Organellen-Genoms wurden allerdings im Laufe der Evolution in den Zellkern exportiert. Die in den Mitochondrien enthaltene DNA wird zusammen mit diesem Organell fast ausschließlich über die plasmareichen Eizellen in die nächste Generation übertragen. Die **maternale Vererbung (Matroklinie)** z. B. einiger mitochondrialer Atmungsdefekte folgt daher nicht den Mendelschen Regeln.

3 Molekulargenetik

Die Speicherung und Weitergabe der Erbinformation sowie die Realisierung der „genetischen Programme“ sind an **Nukleinsäuren** gebunden. Dass Nukleinsäuren und nicht Proteine der Speicher der genetischen Information sind, wurde erst 1943 von **AVERY** durch Experimente mit Bakterien nachgewiesen: Er übertrug in zwei Ansätzen ein Protein- bzw. Nukleinsäure-Extrakt von infektiösen S-Pneumokokken (s = *smooth*, mit schleimiger Außenhülle, welche die Infektion ermöglicht) auf nicht krankheitserregende R-Pneumokokken (r = *rough*, ohne Außenhülle). Nur die Übertragung von Nukleinsäuren (genauer: DNA) konnte die R-Pneumokokken in die infektiöse S-Form überführen. Damit war klar, dass nur in den Nukleinsäuren, nicht aber im Protein die Erbinformation gespeichert sein konnte.

3.1 Struktur der Nukleinsäuren

Nukleinsäuren sind lange Ketten aus miteinander verknüpften **Nukleotiden**, die jeweils aus einer **Base**, einem **Zucker** (Z) und einem **Phosphatrest** (P) bestehen (siehe auch (1) S. 11). Die Monomere sind über Phosphodiesterbrücken zwischen den 3. und 5. Kohlenstoffatomen der Zuckermoleküle verbunden. Daraus ergibt sich eine immer gleiche Polarität der Nukleinsäuren, und ihre zwei unterschiedlichen Enden werden mit 3' und 5' bezeichnet.

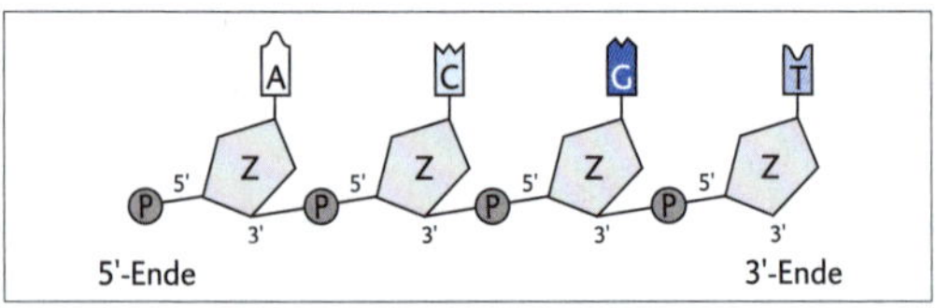

Struktur einer Nukleinsäure

Desoxyribonukleinsäure (DNA)

Die DNA ist die „Speicherform“ der Nukleinsäuren in den Chromosomen bzw. den ringförmigen Makromolekülen in Mitochondrien, Plastiden und Bakterienzellen. Ihre besondere Stabilität erhält die DNA zum einen dadurch, dass ihr Zuckermolekül, die **Desoxyribose** (im Gegensatz zur Ribose, siehe S. 19), gut gegen basische Angriffe geschützt ist. Zum anderen liegt die DNA im Normalfall als Doppelstrang vor.

Die räumliche Struktur der DNA wird durch das **Watson-Crick-Modell** beschrieben: Die beiden Einzelstränge sind in einer **Doppelhelix** schraubenförmig umeinander gewunden. Sie verlaufen dabei **antiparallel**, d. h., sie erscheinen gegeneinander um 180° gedreht, sodass ein Strang die Orientierung 5' → 3' und der andere die Orientierung 3' → 5' besitzt. Diese Struktur wird stabilisiert durch die **komplementäre Basenpaarung** zwischen den Pyrimidin- (Thymin und Cytosin) und den Purinbasen (Adenin und Guanin) der DNA. **Adenin (A)** und **Thymin (T)** bilden untereinander zwei, **Guanin (G)** und **Cytosin (C)** drei **Wasserstoffbrückenbindungen** aus. Aus diesem Grund beträgt das Mengenverhältnis von A:T und auch das von C:G in der DNA immer 1:1 **(Chargaff-Regel)**.
Durch Hitze können die Wasserstoffbrücken gespalten und die DNA damit in die Einzelstränge zerlegt werden. Die höhere Anzahl der Wasserstoffbrücken bewirkt, dass DNA mit einem hohen Gehalt an GC einen höheren Schmelzpunkt hat als DNA mit hohem AT-Gehalt.

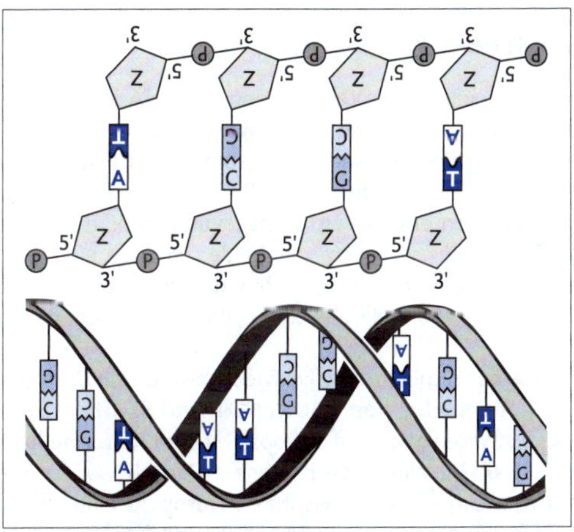

Antiparalleler Verlauf der beiden DNA-Einzelstränge (oben) und DNA-Doppelhelix (unten)

Ribonukleinsäure (RNA)

Die „Arbeitsform" der Nukleinsäuren, die RNA, ist im Allgemeinen wesentlich kürzer und weniger stabil als die DNA. Sie unterscheidet sich von der DNA darin, dass sie **Ribose** (statt Desoxyribose) als Zucker enthält und generell nur **einzelsträngig** vorliegt. Innerhalb dieses Einzel-

strangs kann es aber zu Schleifenbildung durch komplementäre Basenpaarung kommen (Interstrangpaarung; z. B. tRNA, S. 24 f.). Anstelle von Thymin enthält die RNA die Base **Uracil (U)**, die ebenfalls komplementär zu Adenin ist.
Die RNA wird als Kopie der DNA hergestellt (Transkription, S. 22 ff.). Bei den Eukaryoten geschieht dies im Zellkern, bei den Prokaryoten im Zytoplasma. Es gibt z. B. drei verschiedene Formen von RNA, die alle in unterschiedlicher Weise an der Proteinbiosynthese beteiligt sind:

- Kopien von Genen werden für die Proteinbiosynthese in Form von **mRNA (Messenger- oder Boten-RNA)** an die Ribosomen übertragen.
- Diese Ribosomen sind aus Proteinen und **rRNA (ribosomaler RNA)** aufgebaut.
- Die **tRNA (Transfer-RNA)** vermittelt bei der Proteinbiosynthese zwischen der mRNA und dem entstehenden Protein (Translation, S. 24 ff.).

3.2 Replikation der DNA

Die **Replikation** ist die identische Verdopplung der DNA in der Interphase vor einer Zellteilung. Auf diese Weise werden aus den Einchromatid-Chromosomen Zweichromatid-Chromosomen und beide Tochterzellen erhalten bei der Mitose die identische Erbinformation (siehe (1) S. 17 f.). Die Replikation erfolgt **semikonservativ**, d. h., dass nach Aufspaltung der Doppelhelix an jedem der beiden Stränge ein neuer komplementärer Strang entsteht. Die beiden daraus resultierenden Doppelhelices bestehen also jeweils aus einem alten und einem neuen Strang.
Nachgewiesen wurde der semikonservative Mechanismus der DNA-Replikation durch die **Versuche von MESELSON und STAHL** (1958). Durch Zugabe des schweren Stickstoff-Isotops ^{15}N zum Kulturmedium markierten sie die DNA-Moleküle von Bakterien. Danach wurden die Bakterien auf ein Medium mit dem leichteren Isotop ^{14}N überführt. Nach der ersten Zellteilung wurde die DNA isoliert und ihre Molekularmasse durch Dichtegradientenzentrifugation bestimmt. Es zeigte sich, dass es keine schweren und leichten, sondern nur „halbschwere" DNA-Moleküle gab. Diese konnten nur durch Kombination eines „alten, schweren" mit einem „neuen, leichten" DNA-Strang entstanden sein.

Ablauf der Replikation

Die Herstellung einer DNA-Kopie läuft in folgenden Schritten ab:

- Die DNA-Doppelhelix wird durch das Enzym Helicase **entspiralisiert** und der Doppelstrang **geöffnet**. Dazu werden die Wasserstoffbrückenbindungen zwischen den komplementären Basen unter ATP-Verbrauch aufgespalten. Die entstandene Struktur wird als **Replikationsgabel** bezeichnet. An die Einzelstränge binden sich Proteine, um einen Angriff durch DNA-spaltende Enzyme und das Wiederzusammenlagern der Basen zu verhindern.

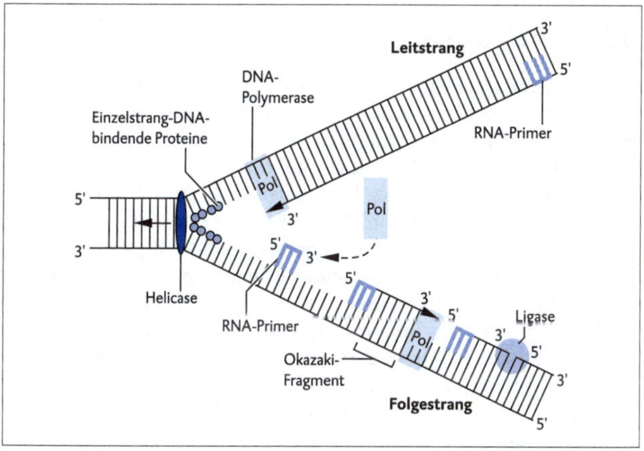

Schema der DNA Replikation

- Die getrennten Einzelstränge dienen nun als **Matrize** für die Erstellung eines komplementären Strangs. Freie Nukleosid-Triphosphate (ATP, TTP, CTP, GTP) lagern sich an die freiliegenden Basen an, und die **DNA-Polymerase** verknüpft die Nukleotide miteinander, wobei jeweils ein Pyrophosphatrest (zwei aneinander gebundene Phosphate) abgespalten wird. Diese Neusynthese erfolgt immer in 5' → 3'-Richtung bzw. die Leserichtung der DNA-Polymerase ist immer 3' → 5'. Damit die DNA-Polymerase ihre Arbeit beginnen kann, benötigt sie einen sog. **Primer** aus RNA-Molekülen als Ansatzpunkt. Diese Primer werden vom Enzym Primase gebildet.

- Die Synthese kann nur am sogenannten **Führungsstrang** (3' → 5') **kontinuierlich** erfolgen. Am anderen Strang, dem **Folgestrang**, der ebenfalls in der gleichen Richtung transkribiert werden muss, findet die Neusynthese **diskontinuierlich** in Abschnitten, den sog. **Okazaki-Fragmenten**, statt. Dabei ist jeweils das Setzen eines neuen Primers nötig. Anschließend werden die Primer durch ein Enzym gegen DNA-Nukleotide ausgetauscht. Danach werden die Fragmente vom Enzym **Ligase** unter ATP-Verbrauch verbunden.
  An beiden Strängen erfolgt die Neusynthese gleichzeitig (simultan).

3.3 Proteinbiosynthese

Bei der **Genexpression** wird der genetische Code realisiert, d. h., die Basensequenz eines Gens wird in die Aminosäuresequenz eines Polypeptids übersetzt. Der Informationsfluss in der Zelle erfolgt dabei immer nur in einer Richtung: DNA → RNA → Protein.
Ein **Gen** ist in der allgemeinen Form definiert als DNA-Abschnitt, der in eine RNA umgeschrieben wird. Dies umfasst mRNAs, die anschließend in Polypeptide übersetzt werden, aber auch rRNAs, tRNAs und andere RNA-Formen, die z. B. an der Genregulation beteiligt sind. RNAs und Proteine werden auch primäre und sekundäre **Genprodukte** genannt.
Nach der **Ein-Gen-ein-Enzym-Hypothese** und der später aufgestellten **Ein-Gen-ein-Polypeptid-Hypothese** wurde der Begriff Gen früher enger gefasst und nur für diejenigen DNA-Abschnitte verwendet, welche die Information für die Bildung eines Gens bzw. eines Polypeptids beinhalten; also lediglich diejenigen Sequenzen, die zur mRNA umgeschrieben werden.

Transkription

Der erste Schritt der Umsetzung der in der DNA gespeicherten genetischen Information ist die **Transkription** (Abschrift) von Genen in die **mRNA**.
Prinzipiell läuft die Transkription ähnlich ab wie die Replikation der DNA. Jedoch wird nur einer der beiden DNA-Einzelstränge, der **codogene Strang** (auch: **Matrizenstrang**), abgelesen, da nur er die Information des Gens trägt. Das Ablesen, das in 3' → 5'-Richtung erfolgt, sowie die Entwindung und Öffnung des DNA-Strangs übernimmt das Enzym **RNA-Polymerase (Transkriptase)**.

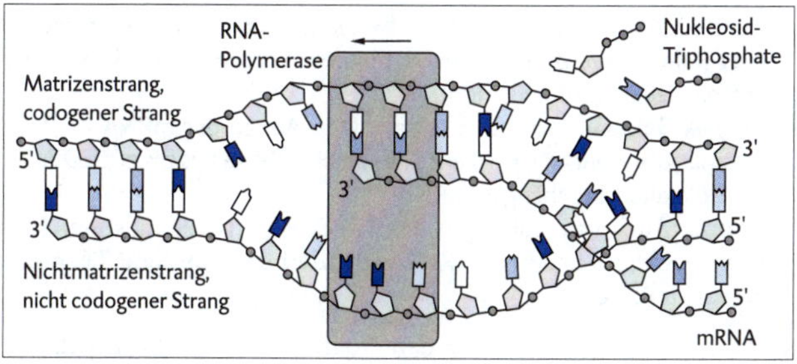

Transkription

Die zu den Basen des codogenen Strangs komplementären RNA-Bausteine ATP, GTP, CTP und UTP werden von der RNA-Polymerase in 5' → 3'-Richtung miteinander verknüpft. Bis auf die Vertauschung von T und U ist die Basensequenz der mRNA also mit der des zur Matrize komplementären DNA-Strangs, des **nicht codogenen Strangs** (auch: **Nichtmatrizenstrang, Codestrang, codierender Strang**), identisch. Welcher der beiden Stränge der codogene ist und abgelesen wird, hängt davon ab, wo sich eine Bindestelle für die RNA-Polymerase befindet. Diese Startstelle der Transkription, der **Promotor**, ist eine kurze Basensequenz, die den Beginn eines Gens kennzeichnet. Auch das Ende der Transkription wird durch eine bestimmte Basensequenz angezeigt **(Terminator-Sequenz)**. Die Bindung der RNA-Polymerase an den Promotor wird bei Eukaryoten über sogenannte **Transkriptionsfaktoren** (DNA-bindende Proteine) gesteuert.

Bei Bakterien ist die fertige mRNA immer deckungsgleich mit der kopierten DNA-Sequenz (abgesehen von T/U). Bei Eukaryoten ist die fertige mRNA-Kopie meist kürzer als das Original. Dies liegt daran, dass die **prä-mRNA**, also die direkte RNA-Kopie, noch einen Reifungsprozess durchläuft. Diese **Prozessierung**, nach der die **reife (fertige) mRNA** vorliegt, umfasst:

- **Spleißen:** Bei den Eukaryoten gibt es innerhalb von Genen Sequenzen, die nach der Transkription aus der **prä-mRNA** entfernt werden. Diese werden als **Introns** bezeichnet. Beim Spleißen bildet die mRNA an bestimmten Basenfolgen Schleifen, die dann enzymatisch herausgeschnitten werden. Die übrig bleibenden Sequenzen, die **Exons**, werden vom gleichen Enzym miteinander verknüpft.

Durch das sog. **alternative Spleißen** können Exons in unterschiedlicher Reihenfolge miteinander verbunden werden. Dadurch wird die Proteinvielfalt deutlich erhöht.

- **Poly-A-Schwanz:** Um den ungewollten Abbau der mRNA im Zellplasma zu verhindern, wird am 3'-Ende eine Kette aus bis zu 200 Adeninmolekülen angehängt.
- **Kappe:** Auch das Anhängen eines speziellen Nukleotids, der sog. Kappe, an das 5-Ende der mRNA verhindert den unplanmäßigen Abbau der mRNA.

Während die Transkription bei den Prokaryoten direkt im Zellplasma stattfindet, wo sich auch die Ribosomen befinden, läuft sie bei den Eukaryoten im Zellkern ab. Zur darauffolgenden Translation muss die reife eukaryotische mRNA also den Zellkern verlassen.

Translation

Bei der **Translation**, dem zweiten Schritt der Proteinbiosynthese, wird die in der mRNA-Nukleotidsequenz (bzw. der Basensequenz) enthaltene Information in eine Aminosäuresequenz übersetzt. Die Aminosäuresequenz entscheidet über die Struktur des gebildeten Proteins und damit über dessen Funktion.
Als „Übersetzer" der Basensequenz der mRNA in die Aminosäuresequenz des Polypeptids dienen die **tRNAs**. Diese kleinen RNA-Moleküle haben eine typische Kleeblattstruktur, die durch Basenpaarung des RNA-Einzelstranges zustande kommt. An der mittleren Schleife enthält die tRNA eine Sequenz aus drei Basen, ein **Basentriplett**, das sich als **Anticodon** an ein komplementäres Basentriplett **(Codon)** der mRNA binden kann.
Im Zellplasma werden die tRNAs mithilfe spezieller Enzyme, den tRNA-Aminoacyl-Synthetasen, an ihrem 3'-Ende mit einer der 20 proteinogenen Aminosäuren beladen. Die Enzyme erkennen die richtigen tRNAs hauptsächlich an der Form ihrer Schleifen und verknüpfen sie unter ATP-Verbrauch mit der COOH-Gruppe der passenden Aminosäure. Auf diese Weise wird gewährleistet, dass jedem Codon der mRNA über das komplementäre Anticodon der tRNA spezifisch eine Aminosäure zugeordnet werden kann.

Die Translation erfolgt an den Ribosomen in folgenden Schritten:

- An einem **Start-Codon** auf der mRNA, normalerweise AUG, treten die beiden **Untereinheiten** eines **Ribosoms** und eine sogenannte Initiations-tRNA (mit dem Anticodon UAC), die mit der Aminosäure

(Formyl-)Methionin beladen ist, zusammen und bilden einen funktionsfähigen Proteinbiosyntheseapparat. Formyl-Methionin ist die erste Aminosäure fast aller Bakterienproteine, bei Eukaryoten ist es meist Methionin. Die Translation startet am 5'-Ende der mRNA.

- Die Initiations-tRNA liegt anfangs in der sog. P-Stelle des Ribosoms. An der A-Stelle bindet jetzt eine mit einer Aminosäure beladene tRNA, deren **Anticodon** komplementär zum nächsten **Codon** der mRNA ist.
- Die COOH-Gruppe des an der P-Stelle gebundenen (Formyl-)Methionins wird mit der NH_2-Gruppe der Aminosäure an der A-Stelle durch eine **Peptidbindung** verknüpft. (Formyl-)Methionin löst dabei seine Bindung zur Initiations-tRNA und ist nun nur noch an die andere Aminosäure gebunden.
- Das Ribosom wandert auf der mRNA unter Energieverbrauch ein Codon weiter. Dabei rückt die tRNA mit der wachsenden Peptidkette an die P-Stelle und die „leere" Initiations-tRNA verlässt das Ribosom.
- Jetzt wiederholt sich der Vorgang der Anbindung einer komplementären tRNA und der Verknüpfung der Aminosäuren, bis ein Codon in die A-Stelle rückt, zu dem es keine tRNA mit passendem Anticodon gibt. An diesem sog. **Stop-Codon** bricht die Proteinbiosynthese ab, der gesamte Komplex zerfällt in seine Einzelteile und die Aminosäurekette wird freigesetzt.

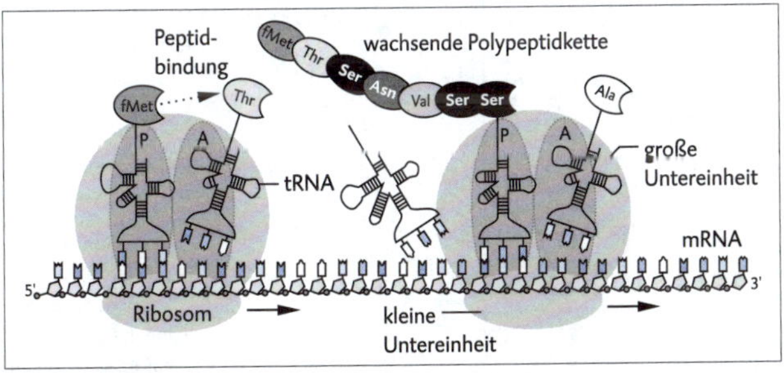

Translation

Wandern mehrere Ribosomen auf diese Weise gleichzeitig an einer mRNA entlang, spricht man von einem **Polysom**. Dadurch kann die Proteinbiosyntheserate stark erhöht werden.

Die entstehenden **Polypeptide** nehmen schon während der Synthese an den Ribosomen die durch ihre **Primärstruktur** (Aminosäuresequenz) festgelegte **Sekundär-** und **Tertiärstruktur** ein (siehe auch (1) S. 8).

Genetischer Code

Der genetische Code ist die „Übersetzungsvorschrift“, nach der die Basensequenz in eine Aminosäuresequenz umgewandelt wird. Der genetische Code hat einige Eigenschaften, die im Zusammenhang mit seiner Funktion stehen. Er ist …

- **ein Triplettcode:** Das bedeutet, dass immer drei Basen eine elementare Informationseinheit bilden und für eine Aminosäure codieren. Bei vier Nukleotiden ergeben sich somit $4^3 = 64$ verschiedene Codons. Von diesen codieren 61 für Aminosäuren. Die drei Stop-Codons UAA, UAG und UGA zeigen das Ende eines abzulesenden Abschnitts an. Das Codon AUG steht außer für die Aminosäure Methionin auch als Start-Codon am Anfang eines Übersetzungsbereichs.

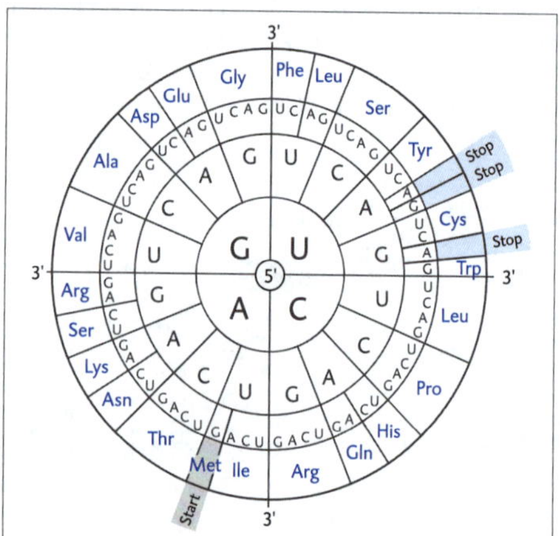

Code-Sonne: Die mRNA-Triplett-Sequenz wird von innen (5') nach außen (3') gelesen

Wie der genetische Code in den verschiedenen Stadien der Genexpression weitergegeben wird, kann an einem **Beispiel** verdeutlicht werden:

DNA (nicht codogen)	5'... ATG	ACT	TCT	AAC	GTA	TCG ... 3'
DNA (codogen)	3'... TAC	TGA	AGA	TTG	CAT	AGC ... 5'
mRNA (Codon)	5'... AUG	ACU	UCU	AAC	GUA	UCG ... 3'
tRNA (Anticodon)	UAC	UGA	AGA	UUG	CAU	AGC
Peptid (Aminosäuren)	– (f)Met –	Thr –	Ser –	Asn –	Val –	Ser –

- **eindeutig:** Ein bestimmtes Basentriplett codiert immer eindeutig für eine bestimmte Aminosäure.
- **komma- und überlappungsfrei:** Die Basentripletts werden durchgehend abgelesen. Es gibt keine Trennzeichen und auch keine Überlappungen zwischen den Codons.
- **degeneriert:** Da es 61 für Aminosäuren codierende Codons, aber nur 20 proteinogene Aminosäuren gibt, existieren für die meisten Aminosäuren mehrere Codons.
  Die Tripletts, die für ein und dieselbe Aminosäure codieren, unterscheiden sich häufig nur in der jeweils 3. Base (z. B. codieren CUA, CUU, CUC und CUG für Prolin). Diese Tatsache bedingt, dass nicht jeder Basenaustausch (siehe Genmutation, S. 34 f.) eine Änderung der Aminosäuresequenz des betreffenden Proteins nach sich zieht.
- **universell:** Fast alle Organismen nutzen den gleichen genetischen Code, d. h., gleiche Tripletts codieren bei ihnen für die gleichen Aminosäuren. Dies spricht dafür, dass alle Lebewesen einen gemeinsamen Vorfahren hatten, von dem sie den Code geerbt haben.

3.4 Genwirkketten

An der Ausbildung von Merkmalen sind zumeist mehrere Gene beteiligt (Polygenie, siehe S. 5). Dies erklärt sich u. a. dadurch, dass **Stoffwechselwege (biologische Syntheseketten)** aus mehreren hintereinander geschalteten Schritten bestehen, die jeweils durch ein bestimmtes Enzym katalysiert werden.

Alle Gene, die über die von ihnen codierten Enzyme einen zusammenhängenden Stoffwechselweg steuern, bilden eine sog. **Genwirkkette**. Ist eines der Gene einer Genwirkkette durch eine Mutation (siehe S. 33 ff.) gestört, so kann das Merkmal, das eigentlich als Resultat der biologischen Synthesekette entstehen würde, nicht ausgebildet werden. Der Stoffwechsel ist an der Stelle des entsprechenden Enzyms blockiert **(Stoffwechselblock)**.

Ist z. B. beim Phenylalaninstoffwechsel das Gen A betroffen (siehe folgende Abb.), so ist das Enzym defekt, das normalerweise Phenylalanin aus der Nahrung in Tyrosin umwandelt (Phenylalaninhydroxylase, siehe auch S. 39). Das überschüssige Phenylalanin wird stattdessen in Phenylbrenztraubensäure (Phenylketon) umgebaut, die bei starker Anreicherung zu Zellschädigungen führen kann. Folge einer unbehandelten **Phenylketonurie** (PKU) kann eine starke geistige Behinderung der betroffenen Person sein.

Weiterhin steht dem Körper durch den Ausfall von Enzym A kaum Tyrosin zur Verfügung, sodass die nachfolgenden Stoffwechselschritte ebenfalls betroffen sind. Dadurch, dass folglich weniger Melanin (Hautpigment) und Thyroxin (Schilddrüsenhormon) gebildet werden, kommt es zu den für die PKU typischen Pigmentierungs- und Entwicklungsstörungen.

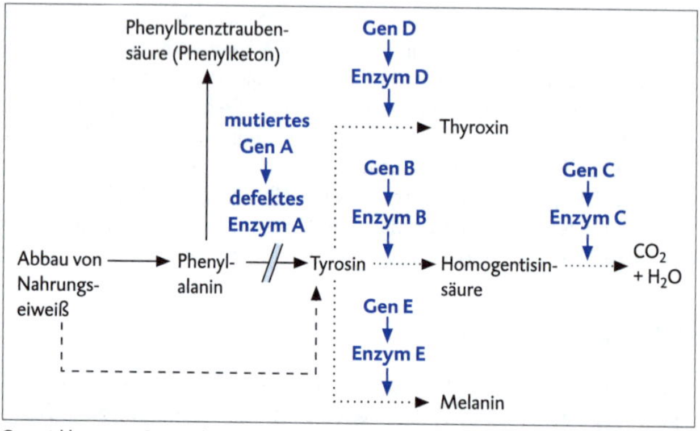

Genwirkkette am Beispiel des Phenylalaninstoffwechsels

Organismen, die durch eine Mutation die Fähigkeit zur Bildung eines für ihr Wachstum und ihre Entwicklung wichtigen Stoffs verloren haben, werden als **Mangelmutanten** bezeichnet.

3.5 Genregulation

Manche Enzyme, wie die des Phenylalaninstoffwechsels, werden in einem Organismus ständig gebraucht. Das heißt, dass auch die codierenden Enzyme **konstitutiv**, d. h. ständig, exprimiert werden.
Das Genom eines Organismus beinhaltet aber auch sehr viele Gene, deren Genprodukte nicht zu jeder Zeit benötigt werden. Beispielsweise müssen bestimmte Enzyme nur dann synthetisiert werden, wenn der entsprechende Stoffwechselweg auch ablaufen soll. Da Proteine nur eine relativ kurze Lebensdauer haben, muss ihre Synthese bei Bedarf schnell und im richtigen Maß angeschaltet werden.

3.6 Genregulation bei Prokaryoten

Bei Prokaryoten sind Gene, die einen zusammenhängenden Stoffwechselweg steuern, häufig in einer gemeinsamen Regulationseinheit, dem sog. **Operon**, zusammengefasst. Die Regulation der Genaktivität erfolgt in diesem Fall entsprechend dem **Operon-Modell** von JACOB und MONOD (auch: **Jacob-Monod-Modell**).

Genregulation durch Substratinduktion

Bei dieser Form der Genregulation veranlasst ein **Substrat (Induktor)** die Synthese von Enzymen, die für seinen eigenen Abbau zuständig sind. Beispielsweise initiiert das Substrat Lactose im Kulturmedium von *E.-coli*-Bakterien u. a. die Bildung der β-Galactosidase, die die Lactose in Glucose und Galactose spaltet.
Vor den **Strukturgenen** (S1–S3), die für Lactose abbauende Enzyme codieren, liegt eine **Operatorsequenz** (O), die zusammen mit einem **Repressor(protein)** und dem Substrat über die Aktivität der Strukturgene entscheidet. Die Einheit aus dem Promotor (P), dem Operator und den Strukturgenen wird als **Operon** bezeichnet.
Die Information für das aktive Repressorprotein ist in einem dem Operon vorgeschalteten **Regulatorgen** (R) codiert. Liegt keine Lactose im Kulturmedium der Bakterien vor, bindet der aktive Repressor an den Operator und verhindert so das Ablesen der Strukturgene durch die RNA-Polymerase.

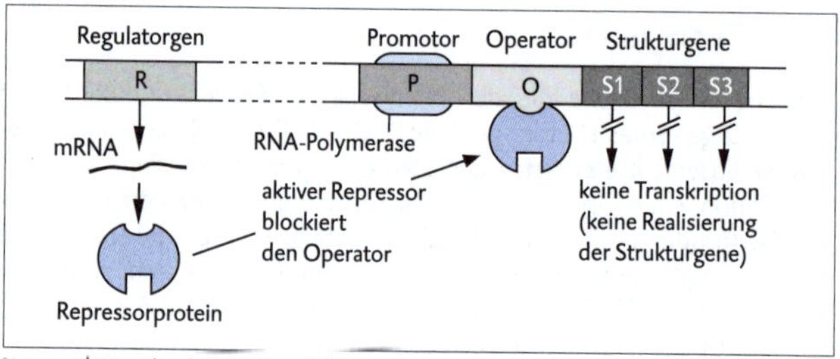

Genregulation durch Substratinduktion: Blockierung der Strukturgene bei aktivem Repressor

Wenn das Substrat Lactose in die Zellen aufgenommen wird, wirkt es als **Induktor** für den abbauenden Stoffwechselweg, indem es an den Repressor bindet. Das allosterische Repressorprotein (siehe auch (1) S. 28) wird auf diese Weise deaktiviert und kann nicht mehr an die Operatorsequenz binden. Dadurch wird die Blockade der Strukturgene aufgehoben und die RNA-Polymerase kann ausgehend vom **Promotor** (P) die Strukturgene ablesen und die mRNA für die abbauenden Enzyme synthetisieren.
Ist die Lactose verbraucht, wird das Repressorprotein wieder aktiv und blockiert erneut das **Lactose (*lac*)-Operon**.

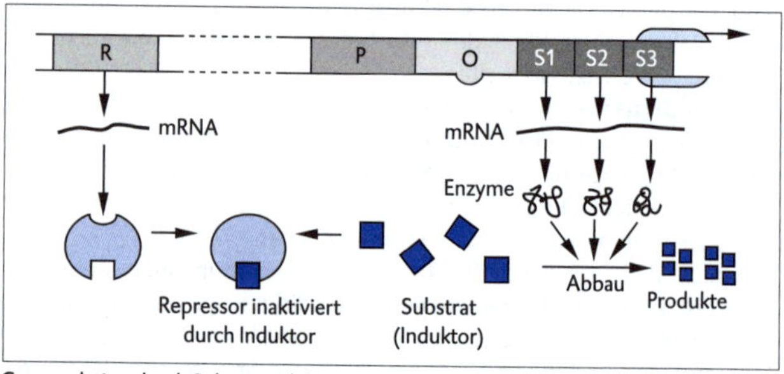

Genregulation durch Substratinduktion: Ablesung der Strukturgene bei inaktivem Repressor

Genregulation durch Endproduktrepression

In diesem Fall wird die Bildung von aufbauenden Enzymen durch das Endprodukt des Stoffaufbauweges gehemmt.

Grundlage der Regulation ist wiederum ein Operon mit den oben beschriebenen funktionellen Einheiten. Im Gegensatz zur Regulation durch Substratinduktion liegt der Repressor hier aber zunächst in inaktiver Form vor und wird erst durch die Bindung eines sog. **Effektors**, also des **Endprodukts** des Stoffwechselweges, aktiviert.

Die Hemmung der Tryptophansynthese durch das Endprodukt dieses Syntheseweges, die Aminosäure Tryptophan (Trp), ist ein typisches Beispiel für eine Endproduktrepression. Das inaktive Repressorprotein wird durch die Anlagerung von Trp aktiviert und verhindert durch Blockade des Operators die weitere Herstellung der zur Trp-Synthese notwendigen Enzyme. Sinkt infolgedessen die Trp-Konzentration in der Zelle, so fällt der Repressor zurück in den inaktiven Zustand und das ***trp*-Operon** wird wieder „angeschaltet“.

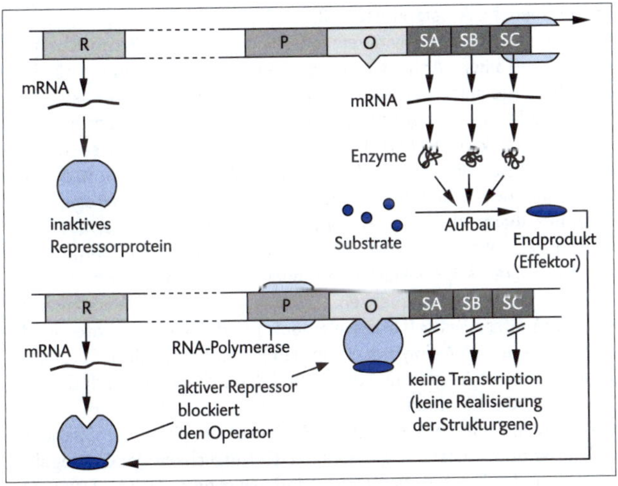

Genregulation durch Endproduktrepression

3.7 Genregulation bei Eukaryoten

Das Genom der Eukaryoten ist um ein Vielfaches größer als das der Prokaryoten. Da zu einem Zeitpunkt immer nur ein geringer Prozentsatz aller Gene aktiv ist, ist es energetisch vorteilhafter, diese Gene gezielt anzuschalten, anstatt alle anderen Gene abschalten zu müssen. Die Genregulation erfolgt bei Eukaryoten daher meist **positiv** und beruht insgesamt auf wesentlich komplexeren Mechanismen als den bei Prokaryoten beobachteten.
Die Regulation der Genaktivität ist Voraussetzung für die **differenzielle Genexpression**, d. h. für die in verschiedenen Zellen eines Organismus beobachteten unterschiedlichen „Muster" von Genprodukten (RNAs und Proteine), die von Signalen aus dem Körper oder aus der Umwelt abhängig sind. Erst über diese Muster wird z. B. die komplexe Entwicklung mehrzelliger Organismen möglich, bei der jede Zelle (bei gleicher genetischer Ausstattung) ihre spezifische Funktion wahrnimmt.
Um bei Eukaryoten eine differenzielle Genexpression zu bewirken, gibt es verschiedene Ansatzpunkte, z. B.:

- Generell wird die Aktivität eines Gens durch seine **„Promotorstärke"** kontrolliert. Abhängig von der genauen Basensequenz des Promotors (genauer der sog. TATA-Box), kann die RNA-Polymerase mehr oder weniger gut daran binden. Je „stärker" ein Promotor, desto einfacher kann die RNA-Polymerase mit der RNA-Synthese starten.
- **Transkriptionsfaktoren** (siehe auch S. 23) können sich nach ihrer eigenen Aktivierung durch spezifische Signale an Kontrollregionen in unmittelbarer Nähe des Promotors anlagern. Dadurch ermöglichen sie die korrekte Positionierung der RNA-Polymerase am Promotor.
  Andere Transkriptionsfaktoren binden an weit vom Promotor entfernte Regulationssequenzen. Diese sog. *enhancer* (Verstärkerelemente) oder *silencer* (Drosselelemente) sind DNA-Segmente, die die Bindung der RNA-Polymerase an den Promotor spezifisch beschleunigen bzw. verlangsamen können und dadurch die Transkription verstärken oder hemmen.
- Neben den oben besprochenen Mechanismen, die auf der Ebene der Transkription ansetzen, gibt es auch die Möglichkeit der Genregulation nach der Transkription (postscriptional gene silencing). Dazu zählt z. B. die **RNA-Interferenz (RNAi)**.

Bei dieser Form der Genregulation kann die Translation bestimmter mRNA-Moleküle dadurch verhindert werden, dass sie im Zytoplasma durch spezifische RNA-Protein-Komplexe zerlegt werden.

Störungen in der Genregulation, z. B. durch defekte Transkriptionsfaktoren, können neben Entwicklungsstörungen auch zu Krebserkrankungen führen (siehe S. 37 f.).

3.8 Genregulation durch epigenetische Mechanismen

Unter **Epigenetik** versteht man nicht auf Mutationen (Veränderung der DNA-Sequenz, siehe unten) beruhende vererbbare reversible Veränderungen der Aktivität von Genen. Epigenetische Steuerung erfolgt hauptsächlich durch:

- **Methylierung** der Base **Cytosin** der DNA: An das methylierte Cytosin können spezifische Proteine binden. Dadurch werden Strukturgene für die RNA-Polymerase unzugänglich.
- **Histon-Modifiktionen** (nur bei Eukaryoten): Je nachdem, wie dicht die Nukleosomen gepackt sind, können sich Transkriptionsfaktoren an die DNA anlagern (locker gepackt) oder nicht (eng gepackt). Die Modifikation erfolgt über die chemische Veränderung von Aminosäuren in den Histonen. Durch Histon-Acetylierung kommt es beispielsweise zur Auflockerung des Chromatins.

Sowohl das Methylierungsmuster als auch der Histoncode können bei der Zellteilung an die Tochterzellen weitergegeben werden.

3.9 Mutationen

Mutationen sind nicht zielgerichtet (ungerichtet) auftretende, teilweise vererbbare Veränderungen der DNA. Aus einem sog. **Wildtyp** entsteht durch diesen Vorgang eine **Mutante**.
Mutationen treten häufig ohne erkennbaren äußeren Einfluss **spontan** auf **(Spontanmutationen)**. Grund für solche Veränderungen der Basensequenz sind zumeist zufällig auftretende Fehler bei der Replikation. Mutationen können aber auch durch auslösende Faktoren, sog. **Mutagene**, **induziert** werden **(induzierte Mutationen)**. Zu den Mutagenen zählen beispielsweise:

- **Kurzwellige, energiereiche Strahlung:** z. B. UV-, Röntgen- und radioaktive Strahlung. Sie verursacht Strangbrüche in der DNA oder Veränderungen in der Molekülstruktur der Basen.
- **Salpetrige Säure:** Umwandlung von Cytosin in Uracil.
- **Basenanaloga:** Moleküle mit einer basenähnlichen Struktur, z. B. 5-Bromuracil oder Acridin. Diese können anstelle der richtigen Basen in die DNA eingebaut werden.

Nach der Vererbbarkeit unterscheidet man zwei Formen der Mutation:
- Von **somatischen Mutationen** spricht man, wenn Körperzellen betroffen sind. Alle Zellen, die durch Mitose aus den mutierten Zellen entstehen, tragen ebenfalls diese Veränderung. Es gibt dann in einem Organismus gleichzeitig mutierte und nicht mutierte Zellen (Mosaiktypus). Bei mehrzelligen Organismen sind solche somatischen Mutationen im Normalfall nicht vererbbar.
- Sind Keimzellen von Mutationen betroffen, spricht man von **Keimbahnmutationen** (auch: **generative Mutationen**). Wenn die entsprechenden Keimzellen zur Fortpflanzung kommen, wird die Mutation an alle Zellen der betroffenen Nachkommen weitergegeben.

Die Folgen von Mutationen sind in allen Fällen Fehler bei der Transkription der DNA. Dadurch können Proteine entstehen, die nicht in der Lage sind, ihre normale Funktion auszuüben. In seltenen Fällen kann die Veränderung des Erbgutes aber auch positive Auswirkungen haben. Mutationen werden dadurch zu einem Evolutionsfaktor (siehe S. 88 f.).
Je umfangreicher Mutationen sind, desto gravierender sind in der Regel die Auswirkungen für die betroffenen Organismen. Je nachdem, in welchem Ausmaß die DNA betroffen ist, unterscheidet man verschiedene Mutationstypen: Gen-, Chromosomen- und Genommutationen.

Genmutation

Die häufigsten Mutationen sind Veränderungen im Bereich einzelner Gene. Einzelne Nukleotide können herausbrechen (Deletion), eingefügt (Insertion) oder durch andere ersetzt werden. In der Folge kann es zu einer schwerwiegenden Veränderung des Genprodukts kommen.
Prinzipiell unterscheidet man zwischen Punktmutationen und Raster(schub)mutationen:
- **Punktmutation:** Dabei wird eine Base durch eine andere ersetzt. Dadurch kann es zum Einbau einer falschen Aminosäure an der entsprechenden Position des codierten Proteins kommen. Ein durch die

Mutation neu entstandenes Stop-Codon kann die Bildung des betreffenden Proteins sogar vorzeitig beenden.
Wegen der Degeneriertheit des genetischen Codes (siehe S. 27) kann ein Basenaustausch aber auch ohne Folgen für das Protein bleiben, wenn das veränderte Triplett zufällig für die gleiche Aminosäure codiert. Generell ist eine Punktmutation an der 3. Stelle eines Tripletts daher weniger „gefährlich“.

- **Raster(schub)mutation:** Werden an einer Stelle ein, zwei oder mehrere Basen (ungleich drei oder einem Vielfachen von drei) eingefügt oder gehen verloren, so ist die Folge eine Raster(schub)mutation. Es kommt zur Verschiebung des Triplett-Ableserasters, sodass ab dieser Stelle die gesamte weitere Aminosäuresequenz des Proteins verändert ist, was fast immer gravierende Auswirkungen hat.

Selbst die Veränderung einer einzelnen Aminosäure kann die Sekundär- und Tertiärstruktur eines Proteins verändern, sodass es seine Funktion z. B. als Enzym nicht mehr erfüllen kann. Da viele Enzyme Bestandteile von Stoffwechselketten sind, können auf diese Weise ganze Synthesewege zusammenbrechen (siehe S. 27 f.).

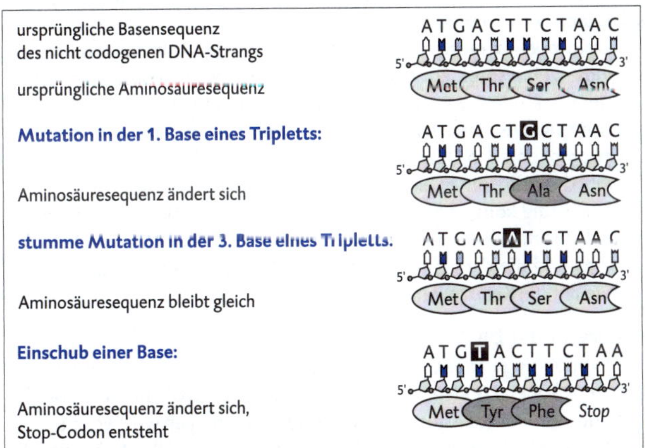

Beispiele für Auswirkungen von Genmutationen

Chromosomenmutation

Bei diesen (oft schon lichtmikroskopisch erkennbaren) Veränderungen der Chromosomenstruktur, die auch als **strukturelle Chromosomenaberrationen** bezeichnet werden, unterscheidet man zwischen:

- **Deletion:** Verlust eines Chromosomenstücks entweder am Ende eines Chromosoms (terminal) oder mitten im Chromosom (interkalar).
- **Duplikation:** Verdopplung eines Teilstücks innerhalb eines Chromosoms.
- **Inversion:** Ein Abschnitt dreht sich im Chromosom um 180°.
- **Translokation:** Ein Chromosomenstück wird auf ein anderes, nicht homologes Chromosom übertragen.
- **Ringchromosombildung:** Ein Bereich eines Chromosoms formt eine Schlaufe und die sich berührenden Abschnitte verwachsen zu einem Ring.

Genommutation

Bei den Genommutationen weicht die Anzahl der Chromosomen von der normalen Ausstattung ab. Bei diesem Mutationstyp, der auch **numerische Chromosomenaberration** genannt wird, können zwei verschiedene Formen unterschieden werden:

- **Euploidie:** In diesem Fall ist die Anzahl der Chromosomensätze eines Organismus entweder erhöht, man spricht von **Polyploidie**, oder vermindert, was als **Haploidie** bezeichnet wird.
- **Aneuploidie:** Bei der häufigeren Aneuploidie sind nur einzelne Chromosomen in Über- oder Unterzahl vorhanden. Dabei können sowohl die Autosomen als auch die Gonosomen betroffen sein.
  Sehr häufig kommt es zur Aneuploidie durch die fehlende Trennung von Chromosomen bzw. Chromatiden in der Meiose **(Nondisjunction)** und die daraus folgende ungleiche Verteilung von Chromosomen auf die Keimzellen (siehe auch S. 40).

Reparatur der DNA

Da Veränderungen der Erbsubstanz schwerwiegende Folgen für den Organismus haben können, können Schäden an der DNA durch eine Reihe von unterschiedlichen Reparatursystemen aufgefangen werden, z. B.:

- **Fotoreaktivierung:** In der DNA kommt es durch UV-Strahlung sehr häufig zur Bildung von Thymin-Dimeren (Bindung zwischen zwei Thymin-Basen). Die Dimere werden von einem Enzym erkannt und wieder gespalten.

- **Excisions-Reparatur:** Das Enzym Endonuklease erkennt und entfernt fehlerhafte DNA-Abschnitte. Die entstandene Lücke wird anschließend mithilfe von DNA-Polymerase und Ligase wieder aufgefüllt.
- **Postreplikations-Reparatur:** Spezielle Enzyme erkennen Fehlpaarungen im gerade fertig replizierten Strang und reparieren sie.
- **SOS-Reparatur:** Mit der SOS-Antwort können Zellen auf sehr schwere Schäden in der DNA reagieren. Bei dieser Form der „Notreparatur" wird aber im Gegensatz zu anderen Reparatursystemen über Schäden einfach „hinwegrepliziert", da aufgrund der massiven Beeinträchtigungen nicht mehr zu erkennen ist, wie das „Original" ausgesehen hat. Der Preis für die Rettung der Erbsubstanz ist in diesem Fall eine stark erhöhte Mutationsrate.

3.10 Molekulargenetische Ursachen von Krankheiten beim Menschen

Spontan auftretende oder durch Umwelteinflüsse induzierte Mutationen haben wie besprochen in den meisten Fällen negative Folgen für die betroffenen Zellen. Die Veränderungen des Erbguts von Körperzellen können, wenn diese nicht durch Reparaturmechanismen erkannt und beseitigt werden, u. a. zur Entstehung von **Krebs** beitragen. Mutationen einzelner Gene, Chromosomen oder des ganzen Genoms von Keimzellen können zur Entwicklung von **Erbkrankheiten** führen.

Krebs

Die Zellteilung wird durch das komplexe Zusammenspiel zahlreicher Gene genau reguliert. Ist dieses Regulationssystem gestört, kann es zu unkontrollierten Zellwucherungen kommen.
Im Normalfall zerstören sich Zellen, deren DNA stark beschädigt ist, gezielt selbst, man spricht von **Apoptose**, oder sie werden anhand ihrer veränderten Oberflächenstruktur vom Immunsystem erkannt und vernichtet (siehe auch S. 72). Wenn der Selbstzerstörungsmechanismus nicht mehr funktioniert und das Immunsystem überfordert ist, kann jedoch ein bösartiger **Tumor (Karzinom)** entstehen. Häufig sind Mutagene mit karzinogener (kanzerogener) Wirkung die Ursache der irreversiblen Schädigung der DNA.

Störungen im Regulationssystem der Zellteilung können verschiedene Grunde haben:

- Sog. **Proto-Onkogene** codieren Proteine, die die Zellteilung anregen. Ihre Aktivität wird über Signalketten gesteuert, an deren Ende ein Transkriptionsfaktor steht, der das Ablesen der Gene erlaubt. Kommt es innerhalb einer solchen Signalkette aufgrund von Mutationen zu Störungen (z. B. Mutation des Ras-Proteins) oder mutiert das Proto-Onkogen selbst, so kann dies eine unkontrollierte Zellteilungsaktivität zur Folge haben. Das Proto-Onkogen ist zum **Onkogen** geworden.
- **Tumor-Supressorgene** codieren für Proteine, die die Zellteilung hemmen. Auch sie werden wie oben beschrieben über Signalketten gesteuert. Ist beispielsweise der Transkriptionsfaktor p53 mutiert, unterbleibt die Produktion zellteilungshemmender Proteine und es kommt auch in diesem Fall zur unkontrollierten Zellteilung.

Die betroffenen Krebszellen teilen sich ungehemmt und können sich nicht mehr differenzieren (siehe auch S. 32). Sie erfüllen daher nicht mehr die Funktion, die sie ursprünglich im Organismus übernommen hatten, sondern verdrängen gesundes Gewebe und schädigen dieses zusätzlich durch Verbrauch von Energie und Nährstoffen.
Von Karzinomen können sich einzelne Zellen ablösen und an anderer Stelle des Körpers Tochtertumore, sog. **Metastasen**, bilden.

Erbkrankheiten

Zahlreiche der Erbkrankheiten, die über die Generationen weitergegeben werden, sind monogenen Ursprungs, d. h., sie gehen auf die Veränderung eines einzigen Gens zurück. Der bei diesen Erbkrankheiten beobachtete **dominante oder rezessive** Vererbungsmodus (siehe S. 1 ff.) wird von der Auswirkung der zugrunde liegenden Genmutation bestimmt: Der Verlust einer Enzymfunktion z. B. ist immer rezessiv, da ein normales Allel diesen Defekt durch ein funktionierendes Enzym ausgleichen kann. Die Entstehung eines Enzyms mit einer veränderten, schädlichen Funktion dagegen ist immer dominant, da die Anwesenheit des defekten Allels (Enzyms) in jedem Fall zur Ausprägung des Merkmals führt.
Ob eine bestimmte Erbkrankheit **autosomal oder gonosomal** vererbt wird, hängt mit der Lage der Mutation auf einem bestimmten Chromosom zusammen (siehe auch S. 10).

Ein Beispiel für monogen bedingte, autosomal-rezessiv vererbte Krankheiten ist die **Phenylketonurie** (**PKU**, siehe auch S. 15 und 28): Durch eine Punktmutation im Gen für das Enzym Phenylalaninhydroxylase (Chromosom 12) verliert das Enzym seine Wirksamkeit. Liegt das defekte Allel homozygot vor, kann die mit der Nahrung aufgenommene Aminosäure **Phenylalanin** nicht normal umgesetzt werden. Durch alternative Stoffwechselwege wird überschüssiges Phenylalanin zur giftigen **Phenylbrenztraubensäure (Phenylketon)** umgesetzt, die sich in Blut und Gehirnflüssigkeit anreichert und dort zu Entwicklungs- und Nervenstörungen führt. Die Erkrankung erfordert eine lebenslange Diät mit phenylalaninarmer Nahrung (in den ersten Lebensjahren besonders streng). Bei Heterozygoten ist die Menge an funktionalem Enzym verringert, da nur eine Kopie des intakten Allels für die Produktion zur Verfügung steht. Aufgrund dieser Tatsache kann man Konduktoren (siehe S. 15) im sog. **Heterozygotentest** bestimmen: Bei heterozygoten Trägern des defekten Allels ist die Menge an Phenylalanin im Blut nach Gabe einer hohen Dosis aufgrund der verminderten Enzymmenge lange Zeit stark erhöht. Bringt man dieses Blut auf eine Agarplatte mit Bakterien, die Phenylalanin nicht selbst herstellen können (Mangelmutante), führt dies zu einem vermehrten Bakterienwachstum **(Guthrie-Test)**. Beim Blut von Gesunden ist kein entsprechendes Wachstum zu beobachten, da sie das Phenylalanin schneller abbauen. Weitere Erbkrankheiten aufgrund von Genmutationen sind z. B.:

Krankheit	Merkmale und Ursache	Vererbung
Chorea Huntington	Duplikationen im Huntingtin-Gen ⇒ Veränderung der Raumstruktur des codierten Proteins ⇒ verändertes Protein bildet Verklumpungen ⇒ schwere Nervenschädigungen	autosomal-dominant
Sichelzell-anämie	Punktmutation in einem der Hämoglobingene ⇒ Strukturveränderung des Proteinkomplexes ⇒ rote Blutzellen mit verändertem H. nehmen bei Sauerstoffmangel Sichelform an ⇒ Sauerstofftransport drastisch verringert ⇒ Organschädigungen; heterozygote Merkmalsträger zeigen erhöhte Resistenz gegen Malaria	autosomal-rezessiv
Rot-Grün-Seh-schwäche	Fehlerhaftes Crossing-over in der Meiose ⇒ Deletionen oder Inversionen in den Genen für rot- und grünempfindliche Sehpigmente ⇒ Farbwahrnehmung gestört	gonosomal-rezessiv

Während Genmutationen auf geringfügige Veränderungen der DNA-Sequenz zurückzuführen sind und meist eine klar definierte Krankheit zur Folge haben, entstehen die meisten Chromosomen- und Genommutationen durch schwerwiegende Fehler in der Meiose. Da in diesem Fall mehrere Gene betroffen sind, führen sie zu komplexen und meist individuell unterschiedlich ausgebildeten, aber trotzdem typischen Krankheitsbildern, sog. Syndromen. Beispiele dafür sind:

- **Trisomie 21 (Down-Syndrom):** Bei dieser häufigsten autosomalen Trisomie (ca. 0,15 % aller Geburten) liegt das Chromosom 21 dreifach vor. Dadurch ergeben sich mehr oder weniger stark ausgeprägte Entwicklungsstörungen. Dazu zählen beispielsweise körperliche Merkmale, wie eine Lidfalte und angeborene Herzfehler, aber auch eine erhöhte Infektanfälligkeit.
  Die Trisomie 21 kann, wie jede autosomale Aneuploidie, prinzipiell auf drei verschiedene Arten entstehen:
  In der weit überwiegenden Zahl der Fälle entsteht eine sog. **freie Trisomie 21** durch Nondisjunction in der 1. oder 2. Reifeteilung der Meiose. Die Wahrscheinlichkeit für eine solche fehlende Trennung der homologen Chromosomen bzw. der Schwesterchromatiden nimmt mit dem Alter der Mutter zu.

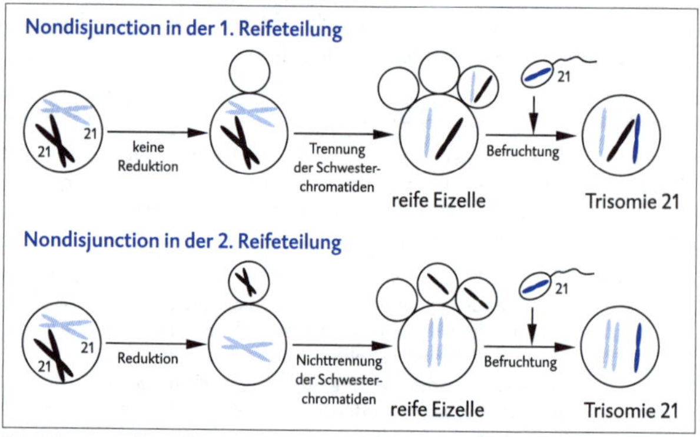

Entstehung von freier Trisomie 21 durch Fehler in der mütterlichen Meiose. Selbstverständlich können die beschriebenen Fehler auch bei der väterlichen Meiose passieren.

Eine **Translokationstrisomie 21** ist selten und entsteht durch die Anlagerung des Chromosoms 21 an ein anderes Chromosom (meist Chromosom Nr. 14).
Bei der dritten Möglichkeit ergeben sich im frühen Embryo Fehler bei der Mitose, sodass nur einige Zellen des Embryos trisom sind **(Mosaiktrisomie 21)**. Die Symptome der Krankheit treten in diesem Fall nur vermindert auf.

- **Gonosomale Aberrationen:** Wie die autosomalen Aneuploidien können auch die gonosomalen durch Nondisjunction in der Keimzellbildung oder in den frühen mitotischen Zellteilungen des Embryos entstehen. Fast alle Individuen mit gonosomalen Aneuploidien sind lebensfähig. Die Symptome sind relativ schwach ausgeprägt, verglichen mit denen der autosomalen Aberrationen. Im Falle des Y-Chromosoms ist der Grund dafür wohl darin zu suchen, dass dieses nahezu „genleer" ist. Für die X-Chromosomen wird der Effekt mit der **LYON-Hypothese** erklärt, nach der in jeder Zelle nur ein X-Chromosom aktiv ist. Auch bei gesunden Frauen wird während eines späteren Stadiums der Embryonalentwicklung zufällig eines der beiden X-Chromosomen zumindest teilweise inaktiviert und liegt als **Barr-Körperchen** vor. Damit wird in allen menschlichen Körperzellen (egal ob Mann oder Frau) die gleiche „Gendosis 1 · X" hergestellt. Bei Triplo-X-Frauen liegen beispielsweise zwei Barr-Körperchen vor. Mit ansteigender Zahl der X- und/oder Y-Chromosomen nehmen die verschiedenen Syndrome in ihrer Ausprägung jedoch zu.

Syndrom	Ursache	Merkmale
Turner-Syndrom	X0	weiblich, unfruchtbar, kleinwüchsig mit inneren Fehlbildungen, Intelligenz normal; einzige lebensfähige Monosomie
Triplo-X-Syndrom	XXX	weiblich, klinisch unauffällig, mit weiteren X-Chromosomen nehmen Fehlbildungen zu
Klinefelter-Syndrom	XXY	männlich, mangelnde Entwicklung sekundärer männlicher Geschlechtsmerkmale, unfruchtbar, Intelligenz normal
XYY-Syndrom	XYY	männlich, körperlich und geistig normal entwickelt, teilweise erhöhter Testosteronspiegel

4 Angewandte Genetik – Gentechnik

Die **Gentechnik** (auch: **Gentechnologie**) baut auf den Erkenntnissen der übrigen Zweige der Genetik auf und beschäftigt sich mit der Erforschung und Entwicklung von Methoden zur Untersuchung, zur Gewinnung und zur Veränderung des Erbguts.

4.1 Werkzeuge der Gentechnik

In der Gentechnik werden die molekulargenetischen Grundlagen in die Praxis umgesetzt: Die Erbsubstanz eines Organismus wird gezielt auf der Ebene der Moleküle verändert.

Bakterien

Die meisten gentechnischen Experimente werden mit Bakterien durchgeführt, da diese unter anderem wesentlich leichter handhabbar und auch einfacher strukturiert sind als eukaryotische Organismen.

Das Bakterium ***Escherichia coli* (*E. coli*)** ist der Modellorganismus der Gentechnik schlechthin. Allgemein verfügen Bakterien über viele Merkmale, die sie für die Gentechnik interessant machen:

- Bakterienkulturen benötigen **kaum Platz**.
- Sie sind in der Regel **schnell, einfach und kostengünstig** zu züchten.
- Als prokaryotische Organismen besitzen sie **weder Zellkern noch Chromosomen**. Gene sind relativ **leicht** in ihr Erbgut **einzuschleusen**.
- Sie haben ein relativ **kleines Genom** und sind normalerweise immer **haploid**, weswegen alle positiven oder negativen Auswirkungen von Änderungen an einem Gen sofort im Phänotyp sichtbar werden.
- **Transkription und Translation** sind weniger kompliziert als bei Eukaryoten (u. a. keine Introns).
- Die Erzeugung von **Mutationen** ist relativ einfach möglich.
- Sie können über ein oder mehrere **Plasmide** verfügen, die in bis zu 1000-facher Ausführung in der Zelle vorliegen können (Vektoren, siehe S. 44). Dabei handelt es sich um kleine DNA-Ringe mit einer geringen Anzahl an Genen.

Enzyme

Um die Erbsubstanz gezielt untersuchen und beispielsweise durch Einschleusen von Genen verändern zu können, ist die Hilfe von Enzymen unerlässlich.

- **Restriktionsenzyme:** Diese auch als **Restriktionsendonukleasen** bezeichneten bakteriellen Enzyme schneiden doppelsträngige DNA an bestimmten Erkennungssequenzen. Eine solche Erkennungssequenz ist für jedes Restriktionsenzym ein bestimmtes Basenpaar-**Palindrom** (Sequenz, die auf beiden Strängen vom 5'-Ende aus gelesen gleich ist), das aus 4–8 Basenpaaren besteht. Das Restriktionsenzym *Eco*RI, das aus dem Bakterium *E. coli* gewonnen wird, trennt z. B. die DNA an der Erkennungssequenz GAATTC immer zwischen G und A. Dadurch entsteht, wie bei den meisten Restriktionsenzymen, innerhalb der Erkennungssequenz ein asymmetrischer Schnitt. Die daraus resultierenden einzelsträngigen Überhänge, die sogenannten **klebrigen Enden** (*sticky ends*), sind typisch für das jeweilige Enzym. Erst die Tätigkeit von Restriktionsenzymen ermöglicht den Einbau fremder DNA in das Erbgut eines Organismus (siehe S. 44 f.).

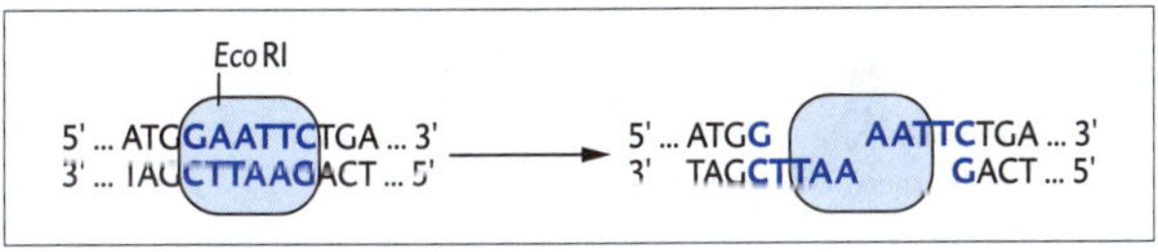

Funktionsweise des Restriktionsenzyms *Eco*RI

- **Ligasen:** Diese Enzyme sind nötig, um DNA-Fragmente, die z. B. von Restriktionsenzymen erzeugt wurden, wieder miteinander zu verbinden. Dabei muss es sich nicht um die DNA eines einzigen Organismus handeln. Bei gleichen *sticky ends* kann sogar die DNA artfremder Lebewesen miteinander verbunden werden.
- **DNA-Polymerasen:** Mithilfe von DNA-Polymerasen kann aus einem Einzelstrang ein DNA-Doppelstrang synthetisiert werden.
- **Reverse Transkriptase:** Das Enzym Reverse Transkriptase, das aus **Retrovieren** (Viren mit RNA-Genom) stammt, kann dazu verwendet werden, mRNA wieder in DNA umzuschreiben. Die daraus entstehenden DNA-Moleküle werden als **cDNA (copy-DNA)** bezeichnet. Dadurch ist es beispielsweise möglich, eukaryotische Gene, die wegen ihrer Introns von Bakterien normalerweise nicht sinnvoll abgelesen werden können, in bakteriengerechter Form zu gewinnen.

Vektoren

Vektoren sind „Genfähren", also Transportmittel, mit denen Fremd-DNA in Zellen eingeschleust werden kann. Sehr häufig werden natürliche bakterielle oder künstlich hergestellte **Plasmide** als Vektoren genutzt. Es gibt aber auch **Bakteriophagen** (Viren, die Bakterien befallen) oder andere **Viren**, die als Vektoren dienen können. Generell müssen Vektoren folgende Eigenschaften haben:

- Sie müssen sich unabhängig vom Genom der Wirtszelle **replizieren**, in der Zelle in **großer Zahl** vorliegen und **einfach isolierbar** sein.
- Damit Fremd-DNA in die Vektoren eingebaut werden kann, müssen sie **Schnittstellen** für verschiedene Restriktionsenzyme besitzen.
- Zur einfachen Identifikation und Selektion derjenigen Zellen, die einen Vektor mit Fremd-DNA aufgenommen haben, müssen sie sog. **genetische Marker** enthalten, z. B. bestimmte Antibiotikaresistenzgene (siehe auch S. 45).

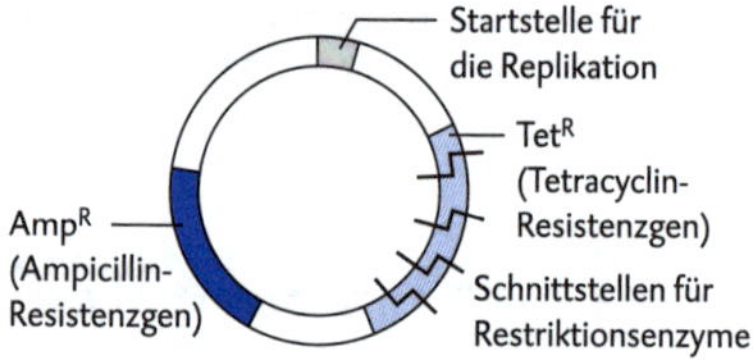

Plasmidvektor

4.2 Methoden der Gentechnik und Gendiagnose

Die oben beschriebenen Werkzeuge werden in der Gentechnik und in der Gendiagnose zur Isolierung, Vermehrung, Analyse und Neukombination von DNA eingesetzt. Die Methoden der Gentechnik und der Gendiagnose finden sowohl in der Forschung, der medizinischen Diagnostik und Therapie als auch in der Industrie vielfältige Anwendung.

Erzeugung und Selektion rekombinanter Bakterien

Mithilfe der oben beschriebenen Werkzeuge der Gentechnik kann sog. **rekombinante DNA** (neu kombinierte DNA) hergestellt und in Wirtszellen eingeschleust werden:

- Die DNA eines Spenderorganismus, die **Spender- oder Fremd-DNA**, wird aus dessen Zellen **isoliert** und mit einem **Restriktionsenzym** in Fragmente gespalten.

- Die entstehenden DNA-Fragmente werden nun in einen **Vektor**, z. B. ein Plasmid, eingebaut. Dazu wird die Plasmid-DNA durch das gleiche Restriktionsenzym aufgespalten wie die Spender-DNA. Da die *sticky ends* der Spender-DNA und des Plasmids komplementäre Strukturen besitzen, kann je ein Fragment mithilfe der **Ligase** in ein Plasmid eingebaut werden (Hybridisierung). Die Misch-DNA der entstandenen **Hybrid-Plasmide** wird als **rekombinant** bezeichnet.
- Anschließend werden die Hybrid-Plasmide in eine fremde Zelle, meist eine Bakterienzelle, eingeschleust. Dies wird als **Transformation** bezeichnet. Hierzu wird die Zellmembran der **Empfängerzellen** (auch: **Zielzellen**) chemisch oder elektrisch für die Plasmide durchgängig gemacht.

Da die Transformationen nur zum geringsten Teil gelingen, werden zur **Identifizierung** derjenigen Bakterien, die erfolgreich ein Plasmid aufgenommen haben, die **Markergene** (z. B. Antibiotikaresistenzgene) des Vektors eingesetzt: Alle aus der Transformation hervorgehenden Bakterien werden auf einen Antibiotika enthaltenden Nährboden aufgebracht. Nur diejenigen Bakterien, die ein Plasmid mit dem entsprechenden Antibiotikaresistenzgen, z. B. Amp^R für Resistenz gegen Ampicillin, aufgenommen haben, können sich vermehren und Kolonien bilden.
Anschließend müssen noch diejenigen Bakterien, die ein Hybridplasmid aufgenommen haben, von denjenigen unterschieden werden, die ein Plasmid ohne Spender-DNA erhalten haben. Zu den „leeren" Plasmiden kommt es, wenn die *sticky ends* der geschnittenen Plasmide ohne Einbau von Spender-DNA wieder zusammengefügt werden. Bei der Unterscheidung macht man sich das **Prinzip der Markerinaktivierung** zunutze: Die Spender-DNA wurde so in das Plasmid eingebaut, dass ein zweites Markergen, z. B. ebenfalls ein Antibiotikaresistenzgen, unterbrochen und dadurch funktionsunfähig gemacht wurde. Handelt es sich bei dem zweiten Marker beispielsweise um ein Gen, das eine Resistenz gegen Tetracyclin verleiht (Tet^R), werden die auf dem Nährboden mit Ampicillin gewachsenen Bakterienkolonien mit einem sterilen Samtstempel auf einen Nährboden mit Tetracyclin übertragen **(Stempeltechnik; Replika-Plattierung)**. Kolonien, die auf der ersten, nicht aber auf der zweiten Platte wachsen, haben ein Hybrid-Plasmid aufgenommen und können selektiv vermehrt werden. Organismen, die Gene anderer Organsimen tragen, werden als **transgen** bezeichnet.

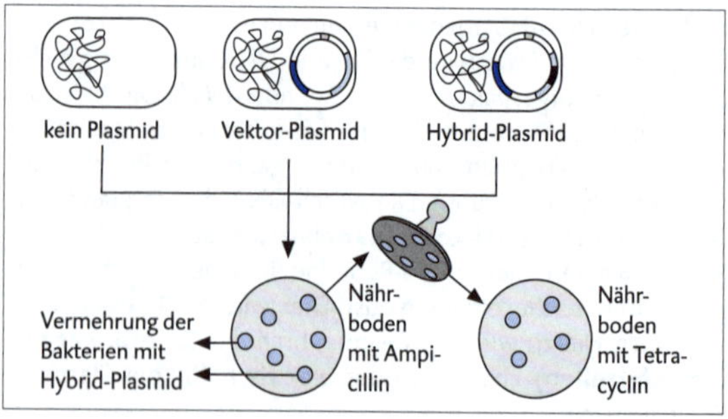

Stempeltechnik

Da eine Bakterienkolonie aus Milliarden erbgleicher Individuen **(Klone)** besteht, werden mithilfe dieses Verfahrens die Hybrid-Plasmide mit den darin enthaltenen DNA-Abschnitten vermehrt. Man spricht auch von **DNA-Klonierung** bzw. von **Hybridvektor-Klonselektion**. Allerdings hat bei dem oben beschriebenen Verfahren jedes der Bakterien, das sich zu einer Kolonie entwickelt hat, ein Hybrid-Plasmid mit einem anderen Stück der DNA des Spenderorganismus aufgenommen. Das Ergebnis einer solchen **Schrotschussklonierung** ist eine sog. **Genbank** oder Genbibliothek, deren Klone die Gesamt-DNA des Spenders umfassen.
Unter anderem mithilfe von Gensonden (siehe unten) kann nun nach Bakterienzellen gesucht werden, die beispielsweise ein gewünschtes **Spendergen (Fremdgen)** enthalten.

Klonidentifizierung mithilfe von DNA-Sonden

Um Bakterienklone innerhalb einer Genbank zu identifizieren, die ein Hybrid-Plasmid mit einem gesuchten, bereits bekannten Spendergen tragen, können in einem **Screeningprozess DNA-Sonden** (auch: **Gensonden**) genutzt werden. Bei den Sonden handelt es sich um kurze z. B. radioaktiv markierte DNA-Fragmente, die komplementär zu einem charakteristischen Abschnitt des bekannten Gens sind.
Die Bakterien der Genbank bilden auf einem Nährboden voneinander getrennte Kolonien. Auf den Nährboden wird eine spezielle Folie aufgelegt, an der die Bakterienkolonien haften bleiben. Die in den Bakterienzellen enthaltene DNA wird durch eine spezielle Behandlung der Folie freigesetzt (isoliert) und in Einzelstränge aufgetrennt. Anschließend fügt man die Gensonde hinzu. Diese bindet sich an komplementäre DNA-Abschnitte auf der Folie, man spricht dabei von **DNA-Hybridisierung**.

Nach Abwaschen der nicht-hybridisierten Sonden wird die Folie auf einen Röntgenfilm aufgelegt. Durch **Autoradiografie**, bei der die radioaktive Strahlung der Sonde den Röntgenfilm lokal schwärzt, zeigt sich die Lage der Bakterienkolonien, die das gesuchte Gen enthalten. Diese können nun selektiv vermehrt werden, und das aus ihnen isolierte Hybrid-Plasmid findet z. B. in einem gezielten Gentransfer auf andere Bakterien weitere Verwendung.

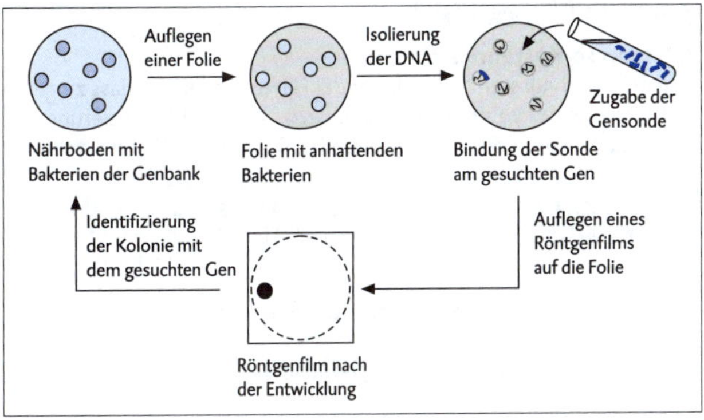

Koloniehybridisierung mit einer Gensonde

Gewinnung von Spender-DNA auf direktem Weg

Inzwischen gibt es auch Möglichkeiten, gewünschte Spendergene direkt zu gewinnen.

- **Herstellung von cDNA:** Mithilfe des Enzyms **Reverse Transkriptase** kann aus einer isolierten mRNA der entsprechende DNA-Strang, also das entsprechende Gen, gewonnen werden. Dazu werden das Enzym, ein passender Primer sowie DNA-Nukleotide benötigt. Die Reverse Transkriptase synthetisiert an der mRNA den komplementären DNA-Strang. Anschließend werden die beiden Stränge des mRNA-DNA-Hybridstrangs voneinander getrennt. Der mRNA-Strang wird abgebaut, und eine DNA-Polymerase ergänzt den DNA-Einzelstrang zum Doppelstrang. Die so entstandene DNA wird als **copy-DNA (cDNA)** bezeichnet. Wie bereits erwähnt (siehe S. 43), hat diese Methode auch den Vorteil, dass Eukaryotengene dadurch für Prokaryoten sinnvoll ablesbar werden.

- **Chemische Totalsynthese (*In-vitro*-Synthese):** Dabei werden DNA-Abschnitte oder ganze Gene im Labor *in vitro*, d. h. außerhalb einer lebenden Zelle, hergestellt, indem DNA-Nukleotide im Reagenzglas in der korrekten Reihenfolge miteinander verknüpft werden.

Die gewonnene DNA kann beispielsweise für DNA-Sonden genutzt oder in Plasmide eingebaut und wie oben beschrieben vermehrt werden. Mithilfe der Polymerase-Kettenreaktion (siehe unten) ist eine direkte Vervielfältigung möglich.

Polymerase-Kettenreaktion

In der Gentechnik steht man oft vor der Herausforderung, dass zu geringe Mengen einer zu untersuchenden (z. B. für Täteridentifizierung und Vaterschaftstests) oder zu übertragenden DNA zur Verfügung stehen.

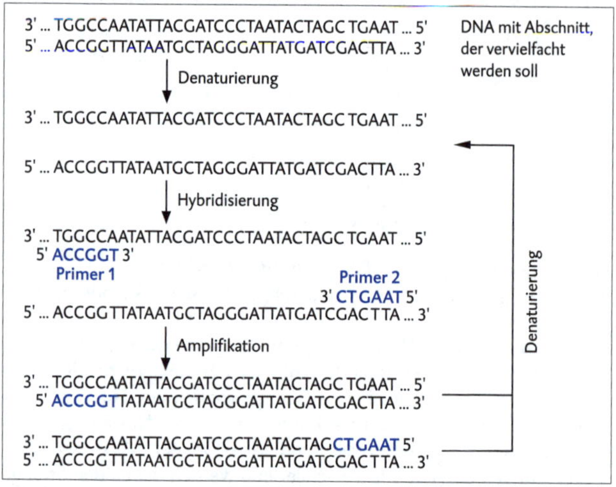

Ablauf der PCR

Die **Polymerase-Kettenreaktion** (**PCR**, *Polymerase Chain Reaction*) dient der direkten, gezielten Vervielfältigung eines definierten DNA-Fragments *in vitro* durch zahlreiche, schnell nacheinander ablaufende Replikationen. Ein solcher Vermehrungszyklus der PCR **(PCR-Zyklus)** besteht aus drei Arbeitsschritten:

- **Denaturierung:** Die Doppelstrang-DNA, die den zu vervielfältigenden Abschnitt enthält, wird kurz auf über 90 °C erhitzt. Dabei trennen sich die beiden Einzelstränge voneinander. Die Einzelstränge dienen als Matrize für die folgende DNA-Synthese.
- **Hybridisierung:** Nach der Abkühlung auf ca. 55 °C binden sich **zwei Primer**, d. h. aus wenigen (meist ca. 20) Nukleotiden künstlich hergestellte einzelsträngige DNA-Abschnitte (Oligonukleotide), an die jeweils komplementären Sequenzen der DNA-Einzelstränge. Voraussetzung für die PCR ist also eine zumindest teilweise bekannte Basensequenz.
- **Amplifikation:** Jeweils vom 3'-Ende der beiden Primer ausgehend synthetisiert die sogenannte *Taq*-Polymerase (hitzebeständige DNA-Polymerase, gewonnen aus dem in heißen Quellen lebenden Bakterium *Thermus aquaticus*) bei ca. 72 °C mithilfe der im Ansatz vorhandenen Nukleotide einen komplementären DNA-Strang.

Durch erneutes Erhitzen auf ca. 95 °C, das die *Taq*-Polymerase aufgrund ihrer Hitzebeständigkeit unbeschadet übersteht, beginnt sofort danach ein neuer PCR-Zyklus. Da sich die Anzahl der Vorlagen pro Zyklus jeweils verdoppelt, steigt die Zahl der Kopien exponentiell an, sodass nach 30 Zyklen schon $2^{30} = 1{,}07 \cdot 10^9$ Exemplare des DNA-Fragments entstanden sind. Die damit stark vermehrte DNA steht nun z. B. für einen Gentransfer oder für die Gendiagnose zur Verfügung
Die Apparate, in denen die PCR abläuft, werden als **Thermocycler** bezeichnet.

Gelelektrophorese

Bei der **Elektrophorese** von DNA-Fragmenten trennen sich unterschiedlich lange Moleküle ihrer Größe nach in einem **elektrischen Feld**.
Die DNA-Stücke laufen aufgrund ihrer negativen Ladung in einem elektrischen Feld von der Kathode (Minuspol) zur Anode (Pluspol). Als Träger- und Trennsubstanz dient eine dünne Gelplatte beispielsweise aus **Agarose-** oder **Polyacrylamid-Gel**.
Durch die „Maschen" des jeweiligen Gels können kurze DNA-Stücke schneller hindurchlaufen als längere, sie legen daher in einer bestimmten Zeit eine größere Strecke im Gel zurück. Zur Bestimmung der Länge der DNA-Stücke lässt man **Kontroll-DNA-Stücke (Größenmarker)** mitlaufen.

Um die entstehenden Banden, in denen sich gleich lange DNA-Stücke gesammelt haben, sichtbar zu machen, werden die DNA-Abschnitte mit **Fluoreszenzfarbstoffen** oder **radioaktiv** markiert.

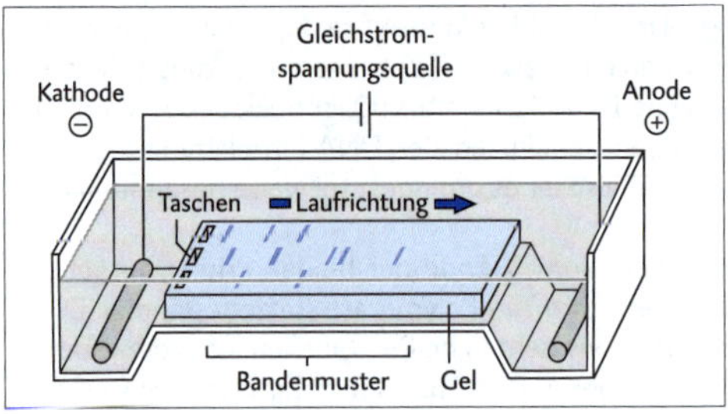

Gelelektrophorese

DNA-Sequenzierung

Mit diesem Verfahren kann die Basensequenz eines DNA-Abschnitts ermittelt werden. Die erhaltenen Ergebnisse können beispielsweise gendiagnostisch oder für die chemische Totalsynthese (siehe S. 48) genutzt werden. Früher wurde vor allem die sog. Kettenabbruchmethode verwendet, die 1975 von SANGER entwickelt wurde. Inzwischen sind Methoden im Einsatz, mit deren Hilfe die DNA-Sequenzierung wesentlich vereinfacht und automatisiert werden konnte, z. B. die Pyrosequenzierung (Hochdurchsatz-Sequenzierung).

- **Kettenabbruchmethode** (auch: **Kettenabbruchsynthese, Didesoxymethode**): Im Prinzip erfolgt bei dieser Methode eine modifizierte DNA-Replikationsreaktion, die zu unterschiedlich langen, farblich markierten Fragmenten führt, anhand derer ein Detektor die Basensequenz ablesen kann.
  Nach Auftrennung des Doppelstrangs **(Denaturierung)** des zu untersuchenden DNA-Abschnitts erfolgt die Anlagerung eines **Primers** (kurzes, synthetisch hergestelltes einzelsträngiges Oligonukleotid) als Startsequenz für die Replikation **(Hybridisierung)**. Damit ein passender Primer hergestellt werden kann, muss folglich zumindest ein kurzer Anfangsabschnitt der zu untersuchenden DNA bekannt sein. In den Replikationsansatz werden neben „normalen" Nukleotiden (Desoxynukleotide, dNTPs) sog. **Kettenabbruch-Nukleotide** gegeben **(Didesoxynukleotide, ddNTPs)**. Diese sind bis auf das Fehlen der OH-Gruppe am 3'-Kohlenstoffatom der Desoxyribose (siehe

S. 18) mit den dNTPs identisch und werden durch die DNA-Polymerase zufällig in den neuen komplementären Strang eingebaut. Die ddNTPs verhindern aber das weitere Wachstum der Kette, sodass unterschiedlich lange Fragmente entstehen, die jeweils mit einem der vier unterschiedlich farbig markierten ddNTPs enden.
Die Trennung der unterschiedlich langen DNA-Fragmente erfolgt durch **Gelelektrophorese** (siehe S. 49 f.). Dabei werden die Fluoreszenzfarbstoffe mit einem Laser sichtbar gemacht und computergestützte Detektoren ermitteln aus der Abfolge der Farben die gesamte DNA-Sequenz.

DNA-Abschnitt, der sequenziert werden soll
3' AGCTGC ??????????????????????????????????? ... 5'
5' TCGACG ??????????????????????????????????? ... 3'

↓ Denaturierung

3' AGCTGC ??????????????????????????????????? ... 5'

5' TCGACG ??????????????????????????????????? ... 3'

↓ Hybridisierung

3' AGCTGC ??????????????????????????????????? ... 5'
Primer 5' TCGACG 3'

5' TCGACG ??????????????????????????????????? ... 3'

↓ Replikation

3' AGCTGC ??????????????????????????????????? ... 5'
z. B. 5' TCGACGTACCGGTTATAATGCTAGGGAT 3'
5' TCGACGTACCGGTTATA 3'
5' TCGACGTACCGGTATAATG 3'
5' TCGACGTACCGGTTATAATGCTAGGGATTATGA 3'
5' TCGACGTACCGGTTATAATGC 3'

Prinzip der DNA-Sequenzierung nach SANGER

- **Pyrosequenzierung:** Auch diese Sequenzierungsmethode beruht auf der von einem Primer an einem Einzelstrang ausgehenden DNA-Replikation durch eine DNA-Polymerase.
  Dem Replikationsansatz wird hier jeweils nur eine Nukleotidsorte zugegeben, die, je nachdem, ob sich auf der Matrize gerade das komplementäre Nukleotid befindet, eingebaut wird oder nicht. Das An-

hängen von Nukleotiden an den wachsenden DNA-Strang ist immer mit der Abspaltung von Diphosphaten (Pyrophosphate) verbunden. Abgespaltene Diphosphate werden über mehrere enzymkatalysierte Zwischenschritte in Form von Lichtblitzen sichtbar gemacht und registriert. Beim Einbau mehrerer Basen gleichzeitig erhöht sich die Lichtintensität. Dadurch wird erkennbar, wenn mehrere gleiche Basen hintereinander eingebaut werden. Anschließend werden die nicht gebundenen Nukleotide enzymatisch abgebaut und die nächste Nukleotidsorte wird zugesetzt. Dieser Vorgang wiederholt sich so lange, bis keine Lichtblitze mehr registriert werden, was bedeutet, dass der komplette Einzelstrang zum Doppelstrang aufgebaut ist.
Da bei diesem Verfahren sehr hohe Sequenzierungsgeschwindigkeiten möglich sind, wird es zu den **Hochdurchsatz-Sequenzierungsmethoden** gezählt.

DNA-Chips

Ein ähnlicher Ansatz wie bei der Klonidentifizierung mit DNA-Sonden (siehe S. 46 f.) wird beim Einsatz von DNA-Chips genutzt. Dabei ist es möglich, parallel Tausende Gene eines Organismus zu untersuchen und beispielsweise festzustellen, welche der untersuchten Gene in einem bestimmten Gewebe zu einer bestimmten Zeit exprimiert werden.

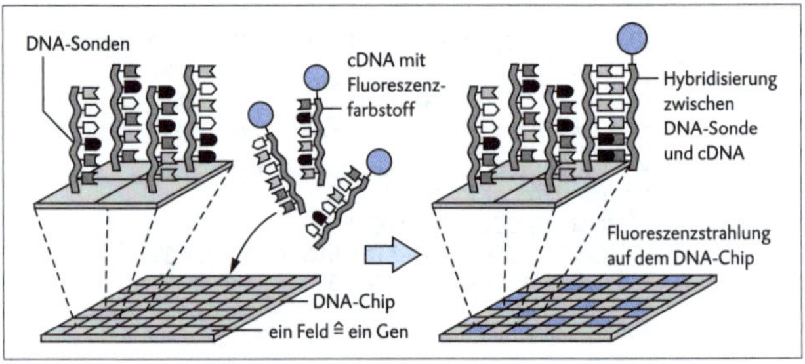

Funktionsprinzip von DNA-Chips

Auf einem DNA-Chip aus Glas oder Kunststoff werden dabei spezifische DNA-Sonden fixiert. Aus den Zellen des zu untersuchenden Gewebes wird die mRNA gewonnen und mithilfe der reversen Transkriptase (siehe S. 43) in DNA umgeschrieben. Die entstandene cDNA wird mit einem Fluoreszenzfarbstoff markiert und auf den Chip gegeben, wo sie mit eventuell vorhandenen komplementären DNA-Sonden hybridisiert. Nicht gebundene cDNA wird abgespült. Anhand der erkennbaren Fluoreszenzstrahlung kann anschließend ermittelt werden, welche Gene im untersuchten Gewebe exprimiert wurden.

4.3 Anwendungen der Gentechnik bei Bakterien, Pflanzen und Tieren

Ist ein gewünschtes Gen durch die oben beschriebenen Methoden isoliert und identifiziert worden, kann es auf fremde Organismen übertragen werden. Durch Gentransfer entstehen **transgene Organismen**, also Lebewesen, denen zur Erzeugung bestimmter Eigenschaften, wie z. B. der Produktion von artfremden Eiweißen, die entsprechenden Gene anderer Lebewesen übertragen wurden.

Herstellung und Nutzung transgener Mikroorganismen
Die Übertragung von Fremdgenen in Mikroorganismen mithilfe von Hybridvektoren ist relativ einfach (Transformation, siehe S. 44 ff.).
Transgene **Bakterien** und **Hefen** lassen sich vielfältig medizinisch und wirtschaftlich nutzen. Beispiele sind:

- Herstellung von **medizinischen Wirkstoffen:** Mithilfe von Bakterien, in die menschliche Gene oder Gene von Krankheitserregern eingeschleust wurden, können heute bereits einige Wirkstoffe und Medikamente, wie z. B. das **Humaninsulin**, preiswert und in sehr reiner Form hergestellt werden. Im Gegensatz zum gentechnisch hergestellten Insulin wies das früher aus den Bauchspeicheldrüsen von Tieren isolierte Hormon Unterschiede zum menschlichen Insulin auf und war dadurch nicht so gut verträglich.
  Aus transgenen Hefezellen kann ein **Impfstoff** gegen Hepatitis B gewonnen werden, der eine aktive Immunisierung (siehe S. 73 f.) gegen die von den Hefezellen produzierten Antigene (siehe S. 68 ff.) des Virus ermöglicht.
- **Lebensmittelherstellung:** Beispiele für den Einsatz gentechnisch veränderter Mikroorganismen in der Lebensmittelindustrie sind die Herstellung von Backwaren, Bier, Milch- und Käseprodukten, Vitaminen, Aromastoffen und Enzymen mithilfe von Bakterien oder Hefen, deren Leistungsfähigkeit durch Genübertragung gesteigert wurde.

Pflanzenzucht

Die Übertragung von Fremd-DNA auf Pflanzenzellen ist schwieriger, da die Zellen von einer stabilen Zellwand umgeben sind. Zur Vereinfachung benutzt man daher in der Pflanzenzüchtung meist **Protoplasten**, also Pflanzenzellen, deren Zellwand enzymatisch entfernt wurde. Eine zusätzliche Schwierigkeit ergibt sich dadurch, dass das Erbmaterial der Eukaryoten im Zellkern vorliegt und die neuen Gene in das dortige Genom eingebaut werden müssen, damit sie abgelesen werden können.
Eine Methode ist der Beschuss der Protoplasten mit einer sog. **Partikelkanone** (*particle gun*). Winzige Goldpartikel werden mit der Fremd-DNA beschichtet und bis in den Zellkern geschossen. Allerdings gelingt es nur zu einem geringen Prozentsatz, die Fremd-DNA mit dieser Methode in das Pflanzengenom zu integrieren.
In der Pflanzenzucht nutzt man daher meist das natürliche Prinzip der **Tumorinduktion:** Das Bodenbakterium *Agrobacterium tumefaciens* dringt in Zellen verletzter Pflanzenteile ein, überträgt sein **Ti-Plasmid** (Ti = Tumor induzierend) und löst damit eine Wucherung aus. Die bakteriellen Gene werden dabei in das Genom der Pflanze eingebaut und abgelesen. Tauscht man nun die Tumor induzierenden Gene auf dem Plasmid gegen ein Fremdgen aus, so wird dieses in ein Chromosom der Pflanzenzelle integriert. Gentechnisch veränderte Pflanzen können z. B. anhand eines ebenfalls mit dem modifizierten Ti-Plasmid übertragenen Herbizidresistenzgens selektiert und gezielt vermehrt werden. Die Klone der Pflanzenzelle können dann unter geeigneten Bedingungen zu vollständigen Pflanzen heranwachsen, deren Zellen alle das Fremdgen tragen.
Die Gentechnik eröffnet damit neue Möglichkeiten der Züchtung von Pflanzen, z. B.:

- **Herbizidresistente Pflanzen:** Im Gegensatz zum „Unkraut" überleben diese den Einsatz des betreffenden Herbizids auf den Feldern.
- **Schädlingsresistente Pflanzen:** Sogenannter **Bt-Mais** beispielsweise produziert ein toxisches Protein des Bakteriums *Bacillus thuringiensis*, das die Larven des Maiszünslers (eines Nachtfalters) auf diesen Maispflanzen abtötet. Dadurch kann auf den Einsatz entsprechender Schädlingsbekämpfungsmittel verzichtet werden.
- **Steigerung der Erträge:** Z. B. lassen sich mithilfe der Gentechnik Pflanzen produzieren, die eine verbesserte Fotosyntheseleistung und damit einen **höheren Ertrag** oder einen geringeren Bedarf an Nährsalzen (Dünger) aufweisen.

- **Steigerung der Ertragsqualität:** Beispielsweise wurden Maispflanzen genetisch verändert, um mit einem höheren Gehalt an **essenziellen Aminosäuren** den täglichen Bedarf z. B. in Entwicklungsländern besser decken zu können.

Tierzüchtung

Um transgene Tiere zu erhalten, muss die Manipulation im Rahmen einer künstlichen Befruchtung (***In-vitro*-Fertilisation**, siehe S. 63) an einer Eizelle vorgenommen werden. Um ein Fremdgen in die befruchteten Eizellen einzuschleusen, bedient man sich meist der **Mikroinjektion:** Mit einer sehr feinen Kanüle wird die Fremd-DNA direkt in den Zellkern injiziert. In etwa 1 % der Fälle ist der Gentransfer erfolgreich. Mithilfe der Gendiagnose können anschließend die Embryonen mit den gewünschten Eigenschaften ausgewählt und in den Uterus einer **Leihmutter** eingepflanzt werden.
Auf diese Weise werden transgene Tiere geboren, die durch die eingeschleusten Gene z. B.:

- schneller wachsen oder unempfindlicher gegen bestimmte Krankheiten sind **(Produktionssteigerung)**.
- eine bessere **Ertragsqualität** z. B. des Fleisches bieten.
- **medizinische Wirk-** oder **Impfstoffe** produzieren, z. B in der Milch.

Erwachsene transgene Tiere mit nützlichen oder gewinnbringenden Eigenschaften können auch geklont werden (**reproduktives Klonen**, siehe S. 64 f.), um identische Kopien des „Elterntieres“ mit allen positiven Eigenschaften zu erhalten, die bei der normalen geschlechtlichen Vermehrung vielleicht verloren gehen könnten.

Risiken der Gentechnik

Neben den oben genannten positiven Anwendungsaspekten der Gentechnik gibt es aber auch zahlreiche Risiken, die mit der Veränderung des Erbguts von Organismen einhergehen:

- Durch Veränderung der genetischen Information von Mikroorganismen könnten z. B. neue **Krankheitserreger** entstehen, die nur sehr schwer zu bekämpfen sind.
- Transgene Pflanzen und Tiere könnten z. B. durch die unvorhergesehene Produktion neuer Proteine **Allergien** auslösen oder andere gesundheitsschädliche Wirkungen auf den Menschen haben.
- Transgene Mikroorganismen und Pflanzen könnten auch zu tief greifenden **ökologischen Störungen** führen, indem sie im Freiland durch ihre höhere Vitalität heimische Arten verdrängen.

- Gentechnisch veränderte DNA könnte unbeabsichtigt auf andere Organismen übergehen (horizontaler Gentransfer bei Bakterien oder Bestäubung bei Pflanzen), sodass sich **Resistenzgene**, z. B. gegen Antibiotika oder Schädlingsbekämpfungsmittel, ausbreiten könnten.
- Durch die **Weitergabe von gentechnisch veränderter DNA** an andere Lebewesen könnten neue Genkombinationen entstehen, deren Wirkungen nicht vorauszusehen sind.

4.4 Gendiagnose und Gentherapie beim Menschen

In der Humanmedizin finden die Methoden der Gentechnik und der **Gendiagnose** (auch: **Genanalyse, DNA-Analyse, Gentests**) zahlreiche Anwendungen, z. B. bei der …

- Aufklärung der genetischen Ursachen von Erbkrankheiten und deren **Diagnose**, die auch **pränatal** (siehe S. 16) oder sogar **präimplantativ** (siehe S. 63) möglich ist.
- Aufklärung von Verbrechen in der **Gerichtsmedizin**.
- Klärung von Verwandtschaft (z. B. **Vaterschaftsnachweis**).
- **Gentherapie** an Körperzellen.

Medizinischer Einsatz der Gendiagnose

Mithilfe der DNA-Sequenzierung (siehe S. 50 ff.) ist es Biologen und Medizinern heute möglich, gezielt Gene von Patienten zu untersuchen. Durch die Analyse des Erbguts kann dann in manchen Fällen auf z. B. durch Mutationen bedingte Veranlagungen bzw. Anfälligkeiten (Prädispositionen) für bestimmte Krankheiten geschlossen werden.

Humangenomprojekt

Im Jahr 2003 ist die vollständige Sequenz der ca. 3 Milliarden Basenpaare der menschlichen DNA durch das Humangenomprojekt aufgeklärt worden. In Folgeprojekten ist man nun damit beschäftigt, möglichst viele Gene zu identifizieren und ihnen eine Wirkung im Stoffwechsel der Zelle zuzuordnen. Das Ziel ist es, genetische Ursachen von Krankheiten zu erkennen und gezielt im Rahmen einer Gentherapie behandeln oder sogar beseitigen zu können.

Genetischer Fingerabdruck

Um einen Menschen sicher zu identifizieren, werden beim Gendiagnoseverfahren des **Genetischen Fingerabdrucks** *(genetic fingerprinting)* **polymorphe DNA-Bereiche** untersucht, die wie der richtige Fingerabdruck individuell unterschiedlich sind. Die besondere Variabilität die-

ser DNA-Abschnitte ergibt sich dadurch, dass sie keine genetischen Informationen enthalten und folglich Mutationen in diesen Bereichen keine negativen Auswirkungen auf die Träger haben.
Besonders viele individuelle Unterschiede finden sich in DNA-Bereichen aus **repetitiven Sequenzen** (kurze Basenfolgen, die sich unterschiedlich oft wiederholen). Durch die individuellen Mutationen ergeben sich unterschiedliche Schnittstellen für bestimmte Restriktionsenzyme und damit ein einzigartiges Muster von Restriktionsfragmenten.
Das Verfahren läuft in folgenden Schritten ab:

- **Isolierung von DNA** z. B. aus Zellen der Mundschleimhaut, in Blut-, Speichel- oder Spermaresten.
- Vervielfältigung polymorpher Bereiche der DNA mithilfe der **PCR** (siehe S. 48 f.). Zur Absicherung der Ergebnisse werden in der Regel mehrere verschiedene Bereiche untersucht.
- Behandlung der DNA mit **Restriktionsenzymen**; es entstehen unterschiedlich lange Restriktionsfragmente.
- **Gelelektrophorese** der DNA-Fragmente führt zu einem individuellen **Bandenmuster**, das durch Fluoreszenzfarbstoffe sichtbar gemacht wird.

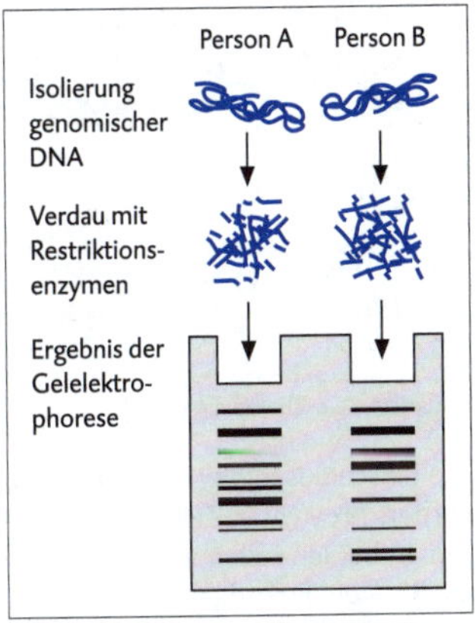

Prinzip des Genetischen Fingerabdrucks

Da die für den Genetischen Fingerabdruck verwendeten polymorphen DNA-Bereiche wie erwähnt keine Eiweiße codieren, ist gesichert, dass außer der Zuordnung keine weiteren individuellen Merkmale preisgegeben werden.
Die beschriebene Methode findet unter anderem bei der Untersuchung von **Tatortspuren** sowie bei **Vaterschaftstests** Anwendung. Mithilfe des gleichen Verfahrens ist es aber auch möglich, andere DNA-Bereiche auf Veränderungen hin zu untersuchen, die Ursache für eine Erbkrankheit sein könnten. Beispielsweise ist bei Vorliegen der Chorea-Huntington-Krankheit (siehe S. 39) eines der Restriktionsfragmente charakteristisch verlängert, da sich ein bestimmtes Triplett (CGA) innerhalb des Huntingtin-Gens überdurchschnittlich oft wiederholt.

Gentherapie

In der Gentherapie sollen die genetischen Ursachen von Krankheiten durch Einschleusen entsprechender „normaler" DNA-Fragmente beseitigt werden. Wird die Veränderung nur an Körperzellen vorgenommen, so spricht man von **somatischer Gentherapie**.

Je nachdem, welcher genetische Defekt einer Krankheit zugrunde liegt, gibt es hierfür verschiedene Strategien. Am weitesten fortgeschritten sind Versuche zum **Ersatz defekter Gene** durch intakte Kopien, sodass ausgefallene Genprodukte produziert werden können.

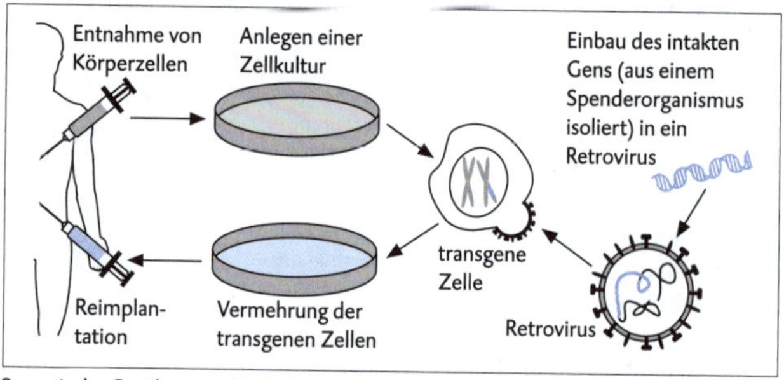

Somatische Gentherapie *(ex vivo)*

Das Einschleusen der Fremdgene kann prinzipiell sowohl außerhalb des Körpers *(ex vivo)* in Zellkulturen als auch direkt im Körper *(in vivo)* erfolgen. In beiden Fällen verwendet man hauptsächlich **Retroviren**, in deren RNA ein Fremdgen anstelle der üblichen Gene für die Virenvermehrung eingefügt wurde. Bei der *Ex-vivo*-Therapie werden Zellen einer Zellkultur mit gentechnisch veränderten Retroviren infiziert, wodurch ein Fremdgen in ein (beliebiges) Chromosom der Eukaryotenzelle eingebaut wird. Die so veränderten Zellen werden anschließend vermehrt und zurück in den Körper übertragen.

Die Veränderung der Gene ist theoretisch natürlich auch an Keimzellen, befruchteten Eizellen oder an frühen Embryonalstadien möglich. Ein solches Vorgehen hätte die Manipulation der gesamten Erbinformation eines Individuums zur Folge, sodass in ferner Zukunft Menschen mit geplanten Eigenschaften geschaffen werden könnten. Eine solche **Gentherapie der Keimbahn (Keimbahntherapie)** des Menschen ist daher in Deutschland aus ethischen Gründen verboten.

Risiken der Gendiagnose und der Gentherapie

Die Kenntnis und die Manipulierbarkeit des menschlichen Erbguts werfen zahlreiche **ethische Fragen** auf, die hier aus Platzgründen nicht umfassend behandelt werden können. Auch liegt es nicht im Aufgaben- oder Kompetenzbereich der Biologie als Naturwissenschaft, Regeln und Normen des ethischen Umgangs mit der Gentechnik festzulegen. Dies fällt vielmehr in das Fachgebiet der Ethik und der Gesetzgebung. Aufgabe der Biologie ist es, Chancen und Risiken gendiagnostischer und gentechnischer Methoden beim Menschen darzustellen und damit das nötige Basiswissen für ihre Beurteilung aus ethischer Sicht vorzugeben:

- Mit der Kenntnis des Gesamtgenoms des Menschen ist die Grundlage für eine **Zuordnung** von gewünschten und eher nachteiligen Eigenschaften zu bestimmten Genen und ggf. den **Eingriff** in das Erbgut geschaffen. Für viele Krankheiten oder Eigenschaften gibt es jedoch nicht nur ein verantwortliches Gen. Intelligenz oder Kreativität beispielsweise werden von einem **komplizierten Netzwerk** an Genen mitbestimmt, die zusätzlich noch von zahlreichen **Umweltbedingungen** beeinflusst werden (siehe S. 5 f.). Daher wird die Reduktion des Menschen auf seine Gene auch nach vollständiger Aufklärung der Funktionen aller Gene nicht möglich sein.
- Es ist zwar aus den oben genannten Gründen unwahrscheinlich, aber theoretisch dennoch denkbar, dass durch die Kombination aus Pränataldiagnostik (oder sogar Präimplantationsdiagnostik, siehe S. 63) und embryonaler Gentherapie in ferner Zukunft die Möglichkeit eröffnet wird, **„Menschen nach Maß"** zu züchten. Hier muss aber auch darauf hingewiesen werden, dass beim Eingriff in das Genom immer die Gefahr von Krankheiten oder Missbildungen besteht und die Rate der Fehlversuche relativ hoch ist.
- Die **Diagnose** von Krankheiten, für die es bisher keine Heilung gibt, kann zu schweren seelischen Belastungen führen. Auch ist durch die Diagnose eines veränderten Gens nicht immer gesichert, dass die Krankheit auch wirklich ausbrechen wird.
- Die **somatische Gentherapie** ist bisher noch sehr unausgereift. Besonders einige Fragen der Sicherheit müssen vor der Ausweitung des Einsatzes noch eindeutiger geklärt werden, z. B.: Kann durch den unspezifischen Einbau von Fremd-DNA in das Genom **Krebs** ausgelöst werden? Ist es ausgeschlossen, dass die Retroviren durch **Rückmutationen** oder in Kombination mit evtl. im Körper vorhandenen anderen Viren zu einer schweren Bedrohung für den Körper werden?

5 Entwicklungsbiologie

Von einem einzelligen Stadium ausgehend, durchläuft jeder mehrzellige biologische Organismus einen gerichteten **Entwicklungsprozess**. Aufgrund der begrenzten Lebensdauer aller Zellen führt dieser **Wachstums- und Differenzierungsprozess** letztendlich bei fast allen Organismen zum Tod des Individuums. Neues Leben entsteht ausschließlich durch Fortpflanzung.

5.1 Fortpflanzung

Man unterscheidet zwischen ungeschlechtlicher (vegetativer) und geschlechtlicher (sexueller) Fortpflanzung (Vermehrung) sowie der eingeschlechtlichen Fortpflanzung (Vermehrung) als Sonderform.

Ungeschlechtliche Fortpflanzung
Darunter versteht man die asexuelle Vermehrung ohne Befruchtungsvorgänge. Die Nachkommen entwickeln sich durch normale Zellteilung (Mitose) aus den Körperzellen des Elternindividuums, so z. B. bei der **einfachen Zellteilung** der Einzeller. Alle Nachkommen sind folglich untereinander und mit dem Elternorganismus (abgesehen von eventuellen Mutationen) genetisch identisch.
Es können auch Teile von vielzelligen Organismen abgespalten werden, die sich zu eigenständigen Nachkommen entwickeln, die dann alle eine völlige genetische Übereinstimmung miteinander und mit dem Elternindividuum aufweisen. Beispiele hierfür sind die Sprossknollen bei Kartoffeln, die Ausläufer bei Erdbeeren oder auch die Knospung beim Süßwasserpolypen.
Alle Organismen, die aus der ungeschlechtlichen Fortpflanzung eines Organismus hervorgehen, bilden einen **Klon**.

Eingeschlechtliche Vermehrung
Diese bei Tieren als **Parthenogenese** (Jungfernzeugung) bezeichnete Fortpflanzungsweise besteht in der Entwicklung von Embryonen aus unbefruchteten Eiern. Die Männchen der Bienen, die Drohnen, beispielsweise entwickeln sich aus unbefruchteten haploiden Eiern, die aus der normalen Reifeteilung (Meiose) hervorgehen. Im Unterschied dazu entstehen bei der Parthenogenese der Gallwespen und Blattläuse durch den Ausfall einer der beiden Reifeteilungen der Meiose diploide Eizellen, aus denen Weibchen hervorgehen.

Bei vielen Organismen tritt die Parthenogenese in Abhängigkeit von den Umweltbedingungen auf. Da durch diese Form der Fortpflanzung die Reproduktionszeit gegenüber der sexuellen Vermehrung stark verkürzt ist, entsteht durch sie schnell eine große Anzahl erbgleicher Nachkommen. Dies ist vor allem dann vorteilhaft, wenn die Umweltbedingungen günstig sind. Bei weniger guten Bedingungen nutzen viele der Organismen die geschlechtliche Fortpflanzung, durch die eine größere Variabilität der Nachkommen gewährleistet ist (siehe unten).

Geschlechtliche Fortpflanzung

Bei der geschlechtlichen Fortpflanzung (auch: **sexuelle Vermehrung**) entsteht durch die Verschmelzung zweier genetisch unterschiedlicher haploider **Gameten** (sexuelle Fortpflanzungszellen: Spermien- und Eizellen) die diploide **Zygote** (befruchtete Eizelle). Die sexuelle Fortpflanzung erweist sich in Phasen verstärkter Anpassungsnotwendigkeit an veränderte Bedingungen als vorteilhaft, da durch die Bildung von Fortpflanzungszellen und die Befruchtung das Erbmaterial mehrfach **rekombiniert** wird (siehe S. 10 ff.).

Voraussetzung für die sexuelle Vermehrung ist die Bildung von haploiden Gameten durch die **Reduktion** des diploiden Chromosomensatzes in der Meiose (Spermatogenese und Oogenese, siehe S. 10 ff.).

Der Aufbau der **Spermien** sichert deren Lebensfähigkeit und eigenständige Beweglichkeit. Da sie keine Energiereserven besitzen, sind sie auf energiereiche Phosphate aus der Samenflüssigkeit angewiesen. Eine **Eizelle** kann in geschützten Räumen (Follikel bzw. Fruchtknoten bei Pflanzen) heranreifen und besitzt in der Regel relativ große Anteile an Nährgewebe zur Entwicklung der Embryonen.

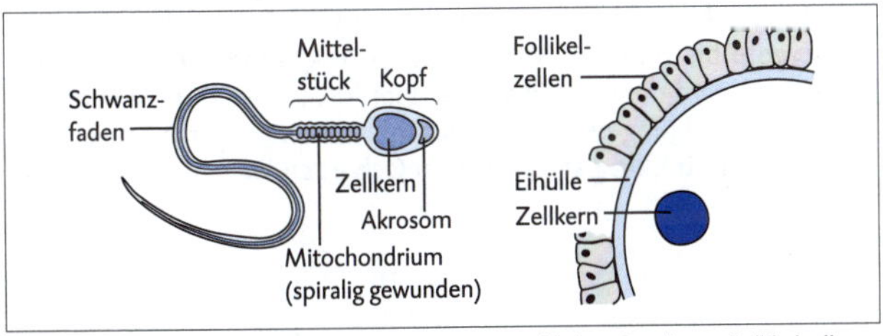

Bau eines menschlichen Spermiums bzw. einer menschlichen Eizelle mit Follikelzellen

Während der **Besamung** ermöglicht das Akrosom, ein mit Enzymen gefülltes Golgi-Vesikel (siehe (1) S. 14), dem Spermium, in die Eizelle einzudringen. Dazu lösen die Enzyme die äußeren Eihüllen auf und der die DNA enthaltende Spermienkern kann in die Eizelle gelangen. Die **Befruchtung** ist die Verschmelzung der beiden haploiden Zellkerne zu einem Zellkern mit diploidem Chromosomensatz, in dem damit die Erbinformationen zweier Individuen neu kombiniert werden. Die so entstehende Zygote ist das erste Stadium der **Keimesentwicklung** (siehe unten).

Generationswechsel

Ein **Generationswechsel** liegt vor, wenn sich verschiedene Generationen derselben Art auf unterschiedliche Weise fortpflanzen. Ein Beispiel aus der Tierwelt ist der Generationswechsel zwischen geschlechtlichen Quallen (vermehren sich über Gameten) und asexuellen Polypen (vermehren sich durch Knospung) bei den Nesseltieren.
Während bei den meisten Tieren das Vorkommen haploider Zellen auf die Gameten beschränkt ist, können bei Pflanzen wie Moosen und Farnen auch eigenständige vielzellige haploide Stadien, die **Gametophyten**, auftreten. Diese bilden haploide Gameten, die sich durch Befruchtung zum diploiden **Sporophyten** vereinigen. Der Sporophyt wiederum bildet durch Meiose Sporen, aus denen wieder ein Gametophyt entsteht. Sporophyten- und Gametophytenstadium wechseln einander in einem Generationswechsel ab, der hier zudem mit einem **Kernphasenwechsel** (haploid ↔ diploid) verbunden ist.

Individualentwicklung bei Tieren

Der von HAECKEL geprägt Begriff **Ontogenese (Individualentwicklung)** bezeichnet die Entwicklung eines mehrzelligen Lebewesens von der Zygote bis zum Tod. Als **Keimesentwicklung (Embryonalentwicklung)** wird die erste Phase der Individualentwicklung von der Zygote bis zur Bildung der Organanlagen bezeichnet. Daran schließt sich die **Fetalentwicklung** an, die mit der Geburt endet.

5.2 Methoden der Reproduktionsbiologie

Die Erkenntnisse über den Verlauf der Ontogenese haben zur Entwicklung der modernen Reproduktionsbiologie geführt, deren Einsatzmöglichkeiten vielfältig sind.

Künstliche Befruchtung und PID

Die ***In-vitro*-Fertilisation** zählt zu den Methoden der **künstlichen Befruchtung**, mit deren Hilfe beispielsweise ein Kinderwunsch erfüllt werden kann, wenn dies auf natürlichem Wege nicht möglich ist. Bei der *In-vitro*-Fertilisation werden dazu Ei- und Spermienzellen im Reagenzglas zusammengebracht. Entstandene Embryonen können anschließend in die Gebärmutter einer Frau eingepflanzt werden.
Zudem lässt sich die *In-vitro*-Fertilisation theoretisch mit einer **Präimplantationsdiagnostik (PID)** kombinieren. Hierbei wird dem frühen, außerhalb der Gebärmutter vorliegenden Embryo eine Zelle entnommen, deren Erbgut dann mittels Gendiagnoseverfahren analysiert werden kann (siehe S. 56). Dadurch wird es möglich, nur Embryonen mit bestimmten erwünschten Eigenschaften zu implantieren. In Deutschland ist die PID nur im Fall von sehr schwerwiegenden genetisch bedingten Erkrankungen der Eltern zulässig.

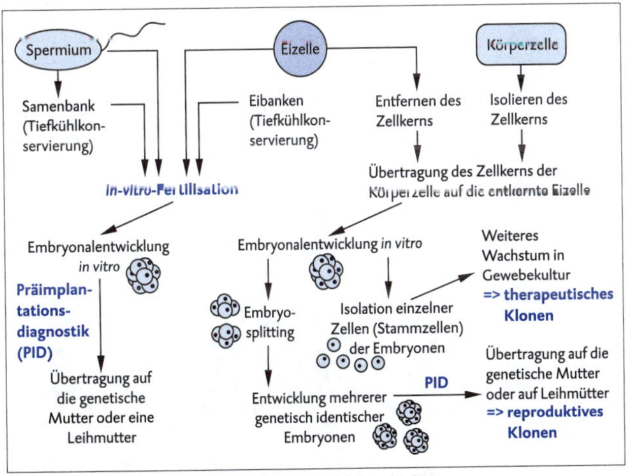

Übersicht über wichtige Methoden der Reproduktionsbiologie

Ein anderes Verfahren zur künstlichen Befruchtung, die **künstliche Besamung**, wird häufig in der Tierzucht eingesetzt, um möglichst schnell viele Nachkommen von besonders leistungsfähigen Nutztieren zu erhalten. Hormonell vorbehandelte Zuchtkühe, in deren Eierstöcken zahlreiche Eizellen gleichzeitig herangereift sind, werden mit Spermienzellen eines Zuchtbullen besamt. Die entstehenden Zygoten werden ausgespült und in die Gebärmütter von Ammenkühen eingepflanzt **(Embryonentransfer)**. Es besteht auch die Möglichkeit, die sehr jungen Embryonen (max. 8-Zell-Stadium) vor der Implantation zu teilen. Dies bezeichnet man als **Embryosplitting**. Aufgrund der noch vollständigen Entwicklungsfähigkeit der Blastomeren können aus allen Teilen wieder komplette Embryonen entstehen. Aus diesen wachsen nach der Einpflanzung vollständige Tiere mit genau gleichem Erbgut **(Klone)** heran.

Reproduktives Klonen

Bei diesem **Klonverfahren**, das z.B. der einfachen und schnellen Vermehrung von Nutztieren mit erwünschten Eigenschaften dient, wird der Kern einer Körperzelle des zu vermehrenden Tieres in eine entkernte Spendereizelle eingepflanzt. Aus der erzeugten Zygote wächst ein Klon des Kernspenders heran. Diese Methode kann zur Vervielfältigung des erhaltenen Klons mit einem Embryosplitting kombiniert werden.

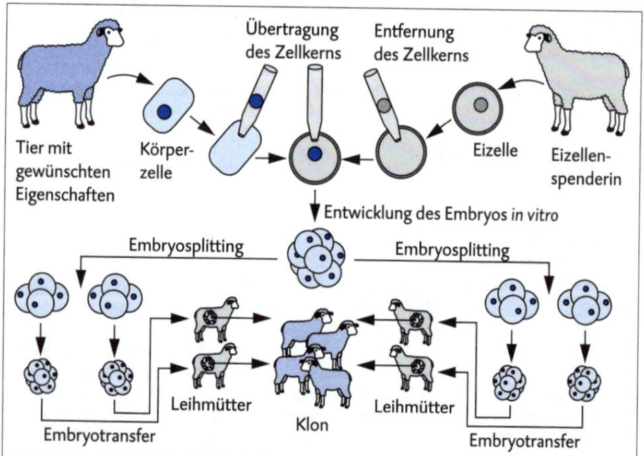

Reproduktives Klonen von Tieren

Allerdings ist die Methodik des reproduktiven Klonens bisher noch nicht ausgereift. So war das berühmte Klonschaf **Dolly** das Ergebnis des 278. Klonierungsversuchs; alle anderen Embryonen waren aus unbekannten Gründen in den Frühstadien der Entwicklung abgestorben. Das reproduktive Klonen von Menschen ist in nahezu allen Ländern der Welt gesetzlich verboten.

Therapeutisches Klonen

Eng verwandt mit dem reproduktiven Klonen ist das **Klonen zu therapeutischen Zwecken**. Es hat nicht die Schaffung von geklonten Individuen zum Ziel, sondern die Gewinnung von Material beispielsweise für spätere **Gewebe- oder Organtransplantationen**. Dazu können wie beim reproduktiven Klonen Zellkerne aus bereits ausdifferenzierten Körperzellen des Patienten entnommen und in eine entkernte Spendereizelle übertragen werden. Der entstehende Embryo wird dann aber nicht einer Leihmutter eingesetzt, sondern ihm werden sog. **embryonale Stammzellen** entnommen. Embryonale Stammzellen sind **totipotent** oder zumindest **pluripotent**. Die **Totipotenz**, die nach dem 8-Zell-Stadium verloren geht, besteht darin, dass die Zellen in der Lage sind, einen vollständigen Organismus zu bilden. Unter **Pluripotenz** versteht man die Fähigkeit von Zellen, sich in jede Art von Gewebe zu differenzieren.

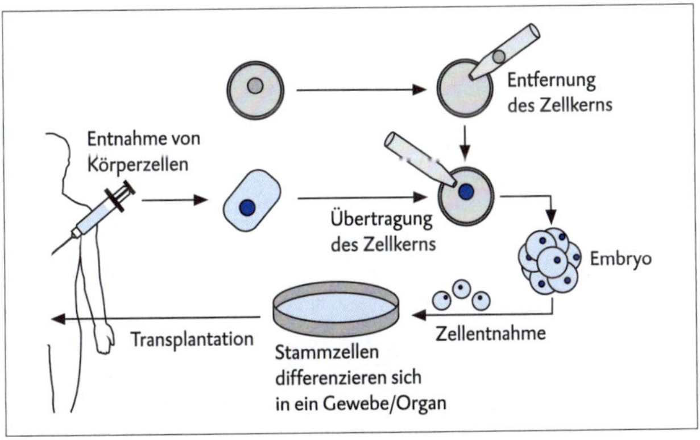

Therapeutisches Klonen

Die embryonalen Stammzellen können im Labor durch Zugabe von Wachstumsfaktoren zu bestimmten Geweben oder zukünftig sogar Organen differenziert werden, die dann beim Patienten (Empfänger) erkranktes Gewebe oder Organe ersetzen können.

Die Gewinnung embryonaler Stammzellen ist in Deutschland verboten, da dafür Embryonen zerstört werden müssen. Eine Alternative könnte die ethisch nicht bedenkliche Nutzung **adulter Stammzellen** darstellen. Diese in manchen Körperorganen zu findenden Zellen sind aber nur **multipotent**, d.h., sie können sich lediglich in bestimmte Gewebetypen differenzieren. Außerdem ist ihre Vermehrbarkeit begrenzt.
Der Vorteil von durch therapeutisches Klonen entstandenen Geweben oder Organen gegenüber einer herkömmlichen Organspende wäre, dass die immunologische Ausstattung der Zellen mit dem Immunsystem des Empfängers (und Kernspenders) übereinstimmt. Auf diese Weise ließen sich die sonst bei Organtransplantationen problematischen Abstoßungsreaktionen (siehe S. 76 f.) vermeiden. Außerdem wäre es möglich, eventuelle Gendefekte in der DNA des Zellspenders, die z. B. zum Absterben von Nervengewebe geführt haben, vor der Vermehrung der Stammzellen durch **gentechnische Maßnahmen** zu korrigieren.

Immunbiologie

6 Abwehrmechanismen

Das **Immunsystem** übernimmt den Schutz des Körpers vor **Krankheitserregern (Pathogenen)** und anderen Bedrohungen für die Gesundheit des Organismus und stellt damit eine grundlegende Voraussetzung für das Überleben dar. Die Notwendigkeit eines gut organisierten Abwehrsystems bei allen vielzelligen Organismen ergibt sich aus folgenden Tatsachen:

- Ihr inneres Milieu bietet Krankheitserregern einen guten Nährboden.
- Von außen aufgenommene oder durch Krankheitserreger gebildete, meist organische Moleküle und Eiweißpartikel können als **Giftstoffe (Toxine)** den Stoffwechsel stören.
- Entartete körpereigene Zellen (Krebszellen, siehe S. 37 f.) beeinflussen durch **Tumorbildungen** ebenfalls die Homöostase (das Gleichgewicht) im Stoffwechsel der Organismen.

Die Vielfalt der Krankheitserreger ist groß und reicht unter anderem von **Viren** (z. B. Influenza-Viren, HIV) über **Bakterien** (z. B. Salmonellen) und **Pilze** (z. B. Fußpilzerreger) bis zu parasitären Organismen wie **eukaryotischen Einzellern** (z. B. Malaria verursachende Plasmodien) und „**Würmern**“ (z. B. Kleiner Leberegel).

Prinzipiell werden die angeborenen unspezifischen Abwehrmechanismen von den spezifischen erworbenen Immunreaktionen unterschieden.

6.1 Unspezifische Abwehr

Diese Form der Abwehr besteht in einer **allgemeinen Resistenz** gegen eine **Infektion (Ansteckung)** mit Krankheitserregern. Es handelt sich um artspezifische **Barrieren**, die mechanisch oder chemisch das Eindringen bzw. auf zellulärer Ebene die weitere Verbreitung und Vermehrung von schädigenden Mikroorganismen verhindern oder einschränken sollen.

Die unspezifische Abwehr ist **angeboren** und vermittelt meist von Geburt an eine Art „Basisschutz" gegen Krankheiten.

Systeme	Beispiele	Wirkungsweise
epidermale Barrieren	• verhornte Haut	Verhinderung des Eindringens
	• Schleimhäute, Wimpern	Abtransport durch Schleim und Wimpernschlag
	• Symbionten	Besetzung der Schleimhautbereiche durch Bakterien und Hefen
chemische Barrieren	• niedriger pH-Wert im Magen, Säureschutzmantel von Haut u. Schleimhäuten	Abtötung von Keimen
	• Lysozym	Auflösen von körperfremden Zellen (z. B. Tränenflüssigkeit)
zelluläre Barrieren	• natürliche Killerzellen, Makrophagen (Riesenfresszellen), Mastzellen	Phagozytose und Lyse von Erregern
	• Komplementsystem	erkennt fremde Eiweiße, trägt zur Lyse von fremden Zellen bei und alarmiert Fresszellen

6.2 Spezifische Abwehr

Die spezifische Abwehr führt zur **erworbenen Immunität** (Unempfindlichkeit), die sich gegen bestimmte Krankheitserreger oder körperfremde Stoffe richtet, die die Resistenzbarrieren überwunden haben.
Die Grundlagen der spezifischen Immunreaktionen sind genetisch festgelegt. Aufgrund der Vielfalt und Variabilität der Krankheitserreger und Toxine sind aber ständige **Anpassungs- und Speicherprozesse** notwendig. Das Immunsystem „lernt" im Laufe des Lebens immer mehr Erreger und Toxine „kennen" und speichert deren Strukturen, um sie bei einem erneuten Eindringen effektiver bekämpfen zu können.

Antigene und Antikörper

Alle Merkmale körperfremder Eindringlinge, die Immunreaktionen auslösen, werden als **Antigene** bezeichnet. Dabei handelt es sich um **Oberflächenstrukturen**, bei Viren beispielsweise Hüllproteine oder Rezeptormoleküle, die vom Immunsystem als körperfremd erkannt werden.

Antigene regen bestimmte Zellen des Immunsystems, die sogenannten **B-Lymphozyten**, an, sich zu **Plasmazellen** zu differenzieren, die spezifische **Antikörper** produzieren. Diese können nach dem **Schlüssel-Schloss-Prinzip** an die betreffenden Antigene binden. Antikörper sind komplexe Proteine aus der Klasse der **Globuline** (Immunglobuline = Ig), die frei in den Körperflüssigkeiten (Blut und Lymphe) transportiert werden oder an Zellen, wie T-Lymphozyten oder Mastzellen, gebunden sind.

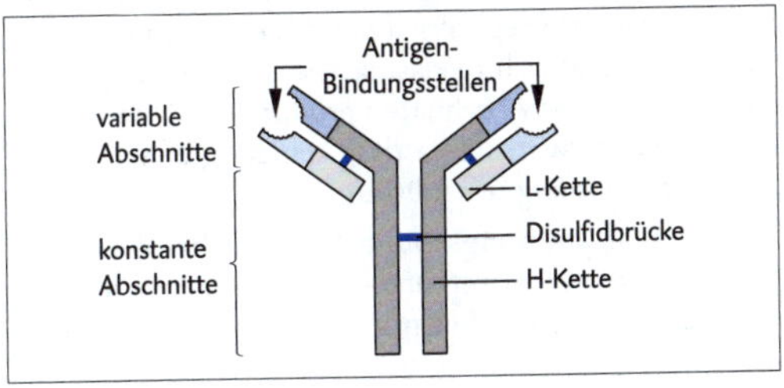

Struktur eines typischen IgG-Antikörpers

Alle Antikörpertypen besitzen grundsätzlich eine ähnliche Struktur. Sie bestehen aus leichten (L-Ketten) und schweren Polypeptidanteilen (H-Ketten) mit konstanten und variablen Abschnitten, die untereinander durch Schwefelatome (Disulfidbrücken) verbunden sind. Die variablen Teile der L- und H-Ketten bilden zusammen die Antigen-Bindungsstelle.

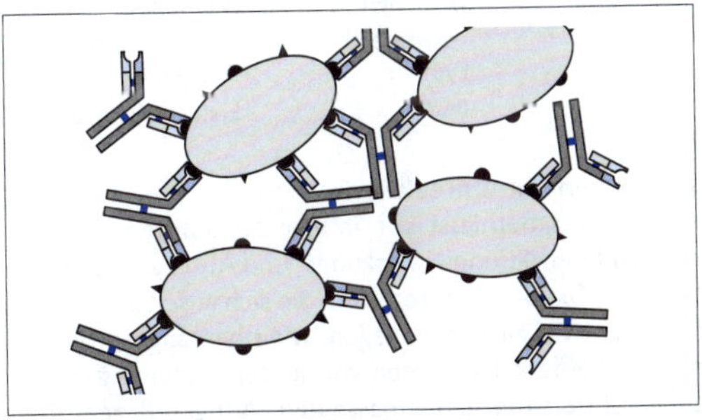

Antigen-Antikörper-Komplex

Durch ihre Anbindung können Antikörper z. B. die Rezeptoren eines Virus blockieren, sodass dieses nicht mehr in der Lage ist, Zellen zu befal-

len. Auch können mehrere Erreger durch die Bildung von **Antigen-Antikörper-Komplexen** miteinander verbunden werden **(Agglutination)**, sodass sie unlösliche Klumpen bilden **(Präzipitation)**. Diese Gebilde werden anschließend von **Fresszellen** wie den **Makrophagen** (siehe auch S. 68) aufgenommen (phagozytiert) und verdaut.
Im Körper ist jederzeit eine außerordentlich große **Vielzahl verschiedener** B-Lymphozyten mit unterschiedlichen Antigen-Rezeptoren vorhanden, die jedoch jeweils nur in relativ **geringer Stückzahl** vorliegen. Bindet ein B-Lymphozyt mit seinen Antigen-Bindungsstellen nun an ein passendes Antigen, so wird ganz spezifisch nur dieser B-Lymphozytentyp vermehrt und differenziert sich zu Plasmazellen, die Antikörper mit ganz genau passenden variablen Abschnitten produzieren. Dies ermöglicht eine gezielte Immunantwort, ohne dass ständig große Mengen verschiedener Antikörper vorrätig sein müssen.

Es existieren verschiedene **Immunglobulin-Klassen**, bei denen die Antikörper teilweise untereinander verbunden sind und die im Immunsystem unterschiedliche Aufgaben erfüllen, z. B.:

Klasse	Aussehen	Vorkommen, z. B.	Funktionen, z. B.
IgA	dimere Struktur (zwei verbundene Antikörper)	Schleimhäute	Abwehr im Verdauungssystem
IgD	monomer	alle Körperflüssigkeiten	Aktivierung von Lymphozyten
IgE	monomer	an Mastzellen gebunden	Erstabwehr an der Körperoberfläche
IgG	monomer	vorwiegend Lymphe	Hauptklasse zur Antigenbindung
IgM	pentamer	Blut	Erstabwehr im Blut

Ablauf der spezifischen Immunreaktion

Die spezifische Immunreaktion lässt sich in vier Abschnitte untergliedern: Erkennungs-, Differenzierungs-, Wirkungs- und Abschaltphase.

- **Erkennungsphase:** Die **B-Lymphozyten**, die sich aus Stammzellen im Knochenmark entwickelt haben, liegen, wie oben angesprochen, in sehr vielen verschiedenen Varianten vor. In der Erkennungsphase bindet ein B-Lymphozyt mit genau passenden Antigen-Rezeptoren an ein Antigen des abzuwehrenden Erregers. Anschließend nimmt er die Antigene auf und präsentiert sie an MHC-Proteinkomplexen (siehe S. 76) nach außen.

Der zweite beteiligte Lymphozytentyp sind die **T-Lymphozyten**. Sie entstehen ebenfalls aus Knochenmarksstammzellen, wandern aber zur Differenzierung in die Thymusdrüse aus. Auch von diesen T-Lymphozyten gibt es enorm viele verschiedene Typen mit unterschiedlichen Antigen-Bindungsstellen. Diese Lymphozyten sind nicht in der Lage, direkt an ein Antigen zu binden, sondern der Kontakt muss durch **Makrophagen** (siehe auch unspezifische Immunantwort, S. 68) vermittelt werden. Diese nehmen Erreger durch Phagozytose auf und präsentieren die Bruchstücke mithilfe von MHC-Proteinkomplexen (siehe S. 76) auf ihrer Zellmembran.

- **Differenzierungsphase:** In diesem Abschnitt werden die T- und die B-Lymphozyten zur Teilung und Differenzierung angeregt.
  Durch den Kontakt mit Makrophagen, die die passenden Antigene präsentieren, vermehren und differenzieren sich die T-Lymphozyten zu: **T-Helferzellen, T-Gedächtniszellen, T-Killerzellen und T-Unterdrückerzellen**.
  Damit B-Lymphozyten zur Vermehrung und Differenzierung angeregt werden, wird neben dem Kontakt mit einem passenden Antigen auch die Unterstützung von aktivierten T-Helferzellen benötigt. Zur Aktivierung der **T-Helferzellen** kommt es durch den Kontakt mit den von den Makrophagen präsentierten Antigenen. Im Anschluss daran können die T-Helferzellen an die von den B-Lymphozyten präsentierten Antigene binden. Die damit verbundene Ausschüttung von spezifischen Botenstoffen (Zytokine) veranlasst die B-Lymphozyten zur Teilung und zur Differenzierung in **Plasmazellen**. Diese beginnen sofort mit der Bildung der spezifischen Antikörper.
  Bei der Differenzierung entstehen auch kleine Mengen an **B-Gedächtniszellen**, die bei einer erneuten Infektion mit Erregern, die die gleichen Antigene aufweisen, sofort in Plasmazellen umgewandelt werden und Antikörper bereitstellen. Auch die gebildeten **T-Gedächtniszellen** stellen sicher, dass die Immunreaktion bei erneutem Erregerkontakt umgehend ausgelöst wird (Immungedächtnis, S. 73).
- **Wirkungsphase:** Prinzipiell kann hierbei zwischen der humoralen und der zellulären (zellvermittelten) Immunantwort (Immunreaktion) unterschieden werden.
  - **Humorale Immunantwort:** Dabei werden in den Körperflüssigkeiten frei vorkommende Erreger durch die Antikörper gebunden (siehe S. 69 f.) und dadurch unschädlich gemacht und für den Abbau durch Makrophagen vorbereitet.

- **Zelluläre Immunantwort:** Dieser Teil der Immunantwort richtet sich gegen Erreger, die sich in Körperzellen befinden. Solche z. B. von einem Virus infizierten Zellen präsentieren die entsprechenden Antigene ebenfalls an MHC-Proteinkomplexen auf ihrer Zellmembran. Die spezifisch produzierten **T-Killerzellen** erkennen die Antigene über ihre Antigen-Rezeptoren und vernichten (lysieren) die kompletten infizierten Zellen mithilfe von Enzymen.

• **Abschaltphase:** Mit abnehmender Konzentration an Erregern beginnt die Abschaltphase, in der **T-Unterdrückerzellen** Botenstoffe (Zytokine) ausschütten, die eine hemmende Wirkung auf die B-Lymphozyten und die anderen T-Lymphozyten haben.

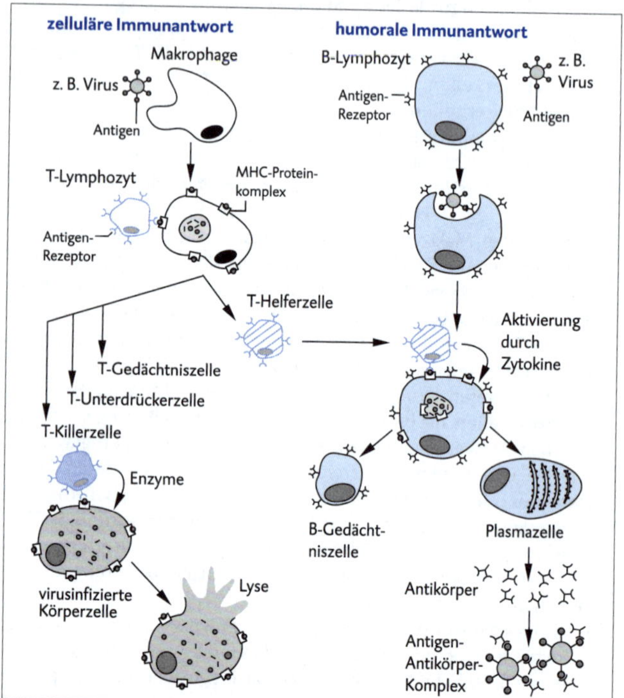

Schema der Immunreaktion

Immungedächtnis

Die oben beschriebenen Vorgänge der humoralen und der zellvermittelten Immunantwort laufen nur beim Erstkontakt mit einem Erreger auf diese Weise ab. Die während dieser sog. **primären Immunantwort** gebildeten T- und B-Gedächtniszellen (siehe auch S. 71) sind die Grundlage für das **Immungedächtnis**. Da sie bei einem erneuten Auftreten des gleichen Antigens ohne Umwege aktiviert werden können, ist die **sekundäre Immunantwort** sehr viel schneller und intensiver als die primäre.
Das Immungedächtnis ist auch der Grund dafür, dass manche Infektionskrankheiten nur einmal im Leben auftreten können.

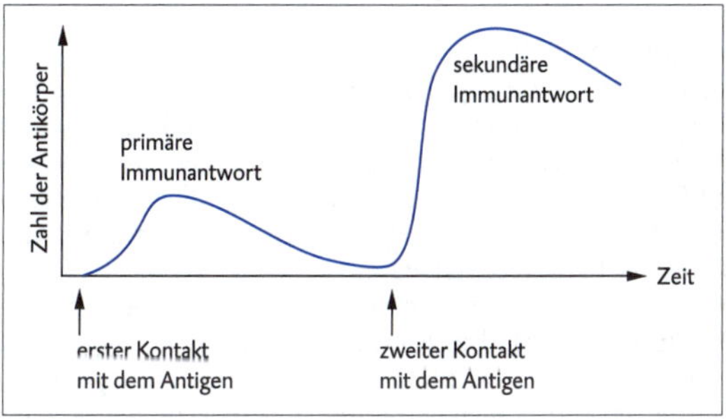

Immungedächtnis

6.3 Impfungen

Als Maßnahmen gegen Infektionskrankheiten werden vielfach **Impfungen** eingesetzt. Man unterscheidet dabei die **aktive** und die **passive Immunisierung**. Allgemein versteht man unter einer Immunisierung die Entwicklung von Immunität, also die Ausbildung einer Unempfindlichkeit gegenüber Krankheitserregern und Toxinen.

Aktive Immunisierung

Hierbei werden zur Vorbeugung gegen eine Infektionskrankheit **(Schutzimpfung)** abgeschwächte, abgetötete oder veränderte Erreger, die keine Krankheit mehr auslösen können, oder nur deren Antigene verabreicht. Es läuft die beschriebene primäre Immunantwort ab, die neben der Bildung von Antikörpern vor allem zur Differenzierung von Gedächtniszellen führt. Bei erneutem Kontakt mit dem Antigen kann dann die sekundäre Immunantwort ablaufen, sodass ein schneller und effektiver Schutz gegen den Erreger gewährleistet ist. Die aktive Immunisierung ist zudem sehr stabil und bietet einen Langzeitschutz gegen viele Erreger und Toxine.

Verabreicht werden ...	z. B. für Impfungen gegen ...
lebende, abgeschwächte Erreger	Tuberkulose, Masern, Mumps, Röteln
abgetötete Erreger	Influenza, Kinderlähmung, Hepatitis A
gereinigte Antigene	spezielle Formen der Hirnhautentzündung
gentechnisch hergestellte Antigene	Hepatitis B

Passive Immunisierung

Bei einer passiven Immunisierung, die als Heilverfahren bei einer bereits ausgebrochenen Erkrankung eingesetzt wird **(Heilimpfung)**, injiziert man dem Patienten spezifische gegen den Erreger oder das Toxin gerichtete **Antikörper**. Diese Antikörper erhält man entweder gentechnisch oder aus dem Blut von Tieren, die mit dem Erreger infiziert wurden bzw. denen das Toxin gespritzt wurde.

Diese Form der Immunisierung wirkt sehr schnell und unterstützt die körpereigene Abwehr. Als Nachteile erweisen sich aber die relativ kurze Wirkdauer (da kein Immungedächtnis aufgebaut werden kann) und die im Impfserum meist enthaltenen körperfremden Eiweiße, die eine immunologische oder allergische Reaktion auslösen können.

Beispiele für Krankheiten, auf deren Ausbruch mit einer passiven Immunisierung reagiert werden kann, sind Masern, Mumps, Röteln, Diphtherie, Hepatitis A und B, Windpocken, Tetanus und Tollwut. Auch die Vergiftungen mit einigen Schlangen- und Insektentoxinen können mit einer Injektion von Antikörperseren bekämpft werden.

6.4 Bluttransfusionen und Rhesusunverträglichkeit

Die unterschiedlichen **Blutgruppen** des Menschen (siehe auch S. 6 f.) beruhen auf Unterschieden in Antigenen, die sich auf den **roten Blutkörperchen (Erythrozyten)** befinden. Wird einem Menschen im Zuge einer **Blutspende** irrtümlicherweise Blut einer anderen Gruppe übertragen, so kann es zu Antigen-Antikörper-Reaktionen kommen, die ein lebensgefährliches Verklumpen des Blutes zur Folge haben.

AB0-System

- Menschen mit **Blutgruppe A** tragen auf ihren Erythrozyten A-Antigene. In ihrem Blutserum lassen sich Antikörper gegen B-Antigene nachweisen (Anti-B-Antikörper).
- Träger der **Blutgruppe B** haben B-Antigene auf ihren roten Blutkörperchen und Anti-A-Antikörper im Serum.
- Menschen mit **Blutgruppe AB** weisen sowohl A- als auch B-Antigene auf, aber logischerweise weder Anti-A- noch Anti-B-Antikörper.
- Hat eine Person **Blutgruppe 0**, so heißt das, dass bei ihr keine Antigene auf den Erythrozyten zu finden sind. Sie weist sowohl Anti-A- als auch Anti-B-Antikörper im Serum auf.

Je nachdem, ob bei der Spende nur Erythrozyten oder Blutserum oder aber Vollblut übertragen wird, kann ein Fehler bei der Spenderauswahl also unterschiedliche Folgen haben.

Rhesus-System

Neben dem AB0- ist das Rhesus-System das wichtigste Blutgruppensystem, wenn es um Blutspenden geht.
Die roten Blutkörperchen **rhesus-positiver (Rh+)** Menschen weisen neben den eventuell vorhandenen A- und B-Antigenen des AB0-Systems zusätzlich noch Rhesus-Antigene auf. **Rhesus-negative (Rh–)** tragen dagegen keine Rhesus-Antigene auf ihren roten Blutkörperchen.
Im Hinblick auf das Vorkommen von Antikörpern verhält es sich anders als beim AB0-System: Rhesus-Negative weisen nicht schon wenige Wochen nach der Geburt entsprechende Antikörper auf, sondern die Anti-Rhesus-Antikörper (auch: Anti-D-Antikörper) werden erst bei Kontakt mit Rh+-Blut gebildet.
Im Gegensatz zu den Anti-A- und Anti-B-Antikörpern können die Anti-Rhesus-Antikörper auch von der Mutter auf ihr ungeborenes Kind übertragen werden. Dies ist problematisch, wenn eine rhesus-negative Mutter bei der Geburt eines ersten rhesus-positiven Kindes in Kontakt mit Rhesus-Antigenen gekommen ist und entsprechende Antikörper gebildet hat. Bei einer eventuellen zweiten Schwangerschaft mit einem rhesus-positiven Kind gelangen diese Antikörper in den Kreislauf des Kindes und können dort zu Verklumpungen führen. Dies bezeichnet man als **Rhesusunverträglichkeit**. Um die Sensibilisierung, also die Antikörperbildung, zu vermeiden, werden rhesus-negativen Frauen daher vor der Geburt eines Kindes vorbeugend Anti-Rhesus-Antikörper gespritzt, die das Anlaufen der Immunreaktion verhindern.

7 Erkrankungen des Immunsystems

Das Immunsystem kann durch innere und äußere Einflüsse in seiner Wirksamkeit beeinträchtigt werden. Dabei kann es zur Verminderung seiner Leistungsfähigkeit bis hin zum Zusammenbruch (Immunschwächeerkrankungen wie z. B. AIDS, siehe S. 78 f.), zum Angriff auf körpereigene Zellen (Autoimmunerkrankungen, siehe unten) oder zu unverhältnismäßigen Reaktionen auf harmlose Fremdstoffe (Allergien, siehe S. 79 f.) kommen.

7.1 Autoimmunerkrankungen

Grundlage der Immunität ist die Unterscheidung zwischen „eigen" und „fremd". Bei einer Autoimmunreaktion ist die sog. **Immuntoleranz gestört** und eigene Zellen werden fälschlicherweise als Fremdkörper registriert und angegriffen.

Immuntoleranz

Da alle Zellen auf ihrer Oberfläche potenzielle Antigene tragen, muss bereits in der Embryonalentwicklung festgelegt werden, dass das Immunsystem Oberflächenantigene körpereigener Zellen ignoriert **(Immuntoleranz)**. So konnte gezeigt werden, dass die Vermehrung von T- und B-Lymphozyten, die Antigen-Rezeptoren gegen körpereigene Strukturen enthalten, bereits im sich entwickelnden Fötus gezielt unterdrückt wird.

Die Erkennung der eigenen (und auch fremder, siehe S. 68 ff.) Zellen ermöglichen die **MHC-Proteinkomplexe** (*Major Histocompatibility Complex*, Haupt-Histokompatibilitätskomplex) auf der Oberfläche von Zellmembranen (siehe (1) S. 11 f.). Sie werden von den **MHC-Genen** codiert. Aufgabe der Proteinkomplexe ist die Präsentation von Antigenen an der Oberfläche einer jeden Körperzelle. An deren Zusammensetzung kann das Immunsystem von Viren befallene oder mutierte Zellen erkennen: Werden an einem MHC-Proteinkomplex unbekannte Antigene festgestellt, handelt es sich mit Sicherheit um eine Zelle, die von T-Killerzellen eliminiert werden sollte.

Die vielfältigen Kombinationsmöglichkeiten der MHC-Gene stellen die Basis für die Gewebespezifität und die Einmaligkeit der Zelloberflächenmerkmale jedes Individuums dar. Der Name MHC geht auf die Entdeckung der bei **Organtransplantationen** häufig auftretenden Abstoßungsreaktionen zurück: Nur wenn Spender und Empfänger einen sehr ähnlichen MHC haben, sind ihre Organe (griech. *histos*) kompatibel. Andernfalls müssen die auftretenden Abstoßungsreaktionen durch **Immunsuppressiva** (Medikamente, die das Immunsystem schwächen) unterdrückt werden. Dadurch kann sich der Körper allerdings auch gegen Krankheitserreger oder Krebszellen nicht mehr wirksam schützen und das Risiko für diese Art der Erkrankungen steigt.

Autoimmunreaktion

Bei Autoimmunerkrankungen richtet sich die Wirkung des Immunsystems gegen körpereigene Zellen, da sie nicht mehr anhand der MHC-Proteinkomplexe erkannt werden. Sie werden daher wie Krankheitserreger oder Toxine bekämpft. Es bilden sich also Antikörper und T-Killerzellen gegen die Gewebsantigene des eigenen Körpers. Ein möglicher Auslöser für einen solchen Immundefekt ist die Infektion mit einem Erreger, dessen Antigene große Ähnlichkeit mit den körpereigenen Antigenen aufweisen. Daneben werden auch erbliche Dispositionen, Schwangerschaft, Umweltfaktoren und Stress als mögliche Ursachen gesehen. Die Therapie von Autoimmunerkrankungen besteht – wie bei der Organtransplantation – in der **Immunsuppression**.
Es gibt mehr als 60 sehr unterschiedliche Erkrankungen, bei denen zumindest ein dringender Verdacht auf eine Autoimmunreaktion besteht, z. B.:

Autoimmunerkrankung	Krankheitsursache
Diabetes mellitus Typ-I	Zerstörung der Insulin bildenden Zellen der Bauchspeicheldrüse
Multiple Sklerose (MS)	Zerstörung der Myelinscheiden an Nervenzellen
Autoimmune Hepatitis	Zerstörung von Leberzellen

7.2 Immunschwäche

Es gibt vielfältige Immunschwächeerkrankungen, die allgemein auf angeborenen oder erworbenen Defekten des Immunsystems beruhen. Dabei können die Mechanismen der zellvermittelten oder der humoralen Immunantwort oder auch beide betroffen sein.

Angeborene Immundefekte

Ursachen eines **angeborenen Immundefekts** sind Mutationen, die dazu führen, dass bestimmte Bausteine des Immunsystems ausfallen. Ein Beispiel ist SCID (engl. *Severe Combined Immunodeficiency*, schwerer kombinierter Immundefekt), bei dem durch einen Gendefekt ein Mangel an T-Lymphozyten oder eine Fehlfunktion dieser Zellen besteht. In manchen Fällen sind zusätzlich auch die B-Lymphozyten betroffen. Infektionen führen meist schon im frühen Kindesalter zum Tod, wenn die Patienten nicht in einer sterilen Umgebung aufwachsen („*bubble babies*") und ständig medikamentös versorgt werden. SCID ist eine der bisher wenigen Krankheiten, die sich durch Gentherapie (siehe S. 58) mit einem gewissen Erfolg behandeln lassen.

Erworbene Immundefekte

Unter anderem Erkrankungen des Knochenmarks (Leukämie) oder HI-Viren verursachen die sog. **erworbenen Immundefekte**.

Die bekannteste erworbene Immundefekterkrankung ist **AIDS** (engl. *Acquired Immune Deficiency Syndrome*). Sie wird durch das **HI-Virus** (engl. *Human Immunodeficiency Virus*) verursacht und ist seit 1982 diagnostizierbar. Die Diagnose einer HIV-Infektion erfolgt durch den Nachweis von HIV-spezifischen Antikörpern im Blut von Betroffenen.

Nach der Ansteckung mit HIV über Körperflüssigkeiten wie Blut und Sperma kommt es zu einer mehrere Wochen umfassenden **akuten Phase** mit grippeähnlichen Symptomen (Fieber, geschwollene Lymphknoten usw.). Danach können bis zum Ausbruch der AIDS-Erkrankung viele vollkommen beschwerdefreie Jahre vergehen, da sich das Erbgut der HI-Retroviren in das Genom der Wirtszellen integriert und dort ruhen kann (**Latenzphase** der HIV-Erkrankung).

Hauptangriffspunkt der HI-Viren sind die T-Helferzellen der zellulären Immunabwehr. Da diese eine zentrale Stellung im gesamten Immunsystem einnehmen, kommt es nach Ausbruch der Krankheit zum systematischen Zusammenbruch der Immunabwehr. Aufgrund des zunehmend unwirksamen Immunsystems treten oft **sekundäre Infektionen** wie Lungenentzündung oder Tuberkulose auf. Außerdem leiden AIDS-Patienten oft an Krebs, da das gezielte Abtöten von mutierten Zellen durch das Immunsystem ebenfalls nicht erfolgen kann.

Mithilfe des **ELISA**-Tests (Enzyme Linked Immunoabsorbent Assay, Enzymgekoppelter Immunadsorptionstest) kann unter anderem erkannt werden, ob eine Person mit dem HI-Virus infiziert ist. Für den Test werden auf einer sog. Mikrotiterplatte spezifische Antigene des HI-Virus fixiert. Zu diesen wird Blutserum der zu testenden Person gegeben. Sind darin Antikörper gegen das HIV-Antigen vorhanden, binden sie an die Antigene. Überschüssiges Serum wird anschließend ausgewaschen. Danach werden sog. **monoklonale Antikörper** zugegeben, die sich spezifisch an die Anti-HIV-Antikörper anheften. Monoklonal bedeutet, dass die verwendeten Antikörper auf einen Klon identischer B-Lymphozyten zurückgehen und folglich exakt zu einem bestimmten Antigen passen. An die monoklonalen Antikörper ist für den ELISA-Test ein spezielles Enzym gebunden. Nicht gebundene monoklonale Antikörper werden ausgewaschen. In einem letzten Schritt wird eine nicht sichtbarer Farbstoffvorstufe zugesetzt, die durch das an die monoklonalen Antikörper gebundene Enzym zu einem sichtbaren Farbstoff umgesetzt wird. Ist in der Probe also eine Färbung zu erkennen, kann davon ausgegangen werden, dass die zu testende Person mit dem HI-Virus infiziert ist.

7.3 Allergien

Als Allergie bezeichnet man eine übermäßige Reaktion des Immunsystems auf eigentlich harmlose Stoffe, die damit zu allergieauslösenden Stoffen, den sog. **Allergenen** werden. Dazu gehören beispielsweise:

- **Kontaktallergene**, z. B.: Federn, Haare, Pollen, Formaldehyd, Latex, Metalle (z. B. Nickel), Zusatzstoffe in Kunststoffen
- **Inhalationsallergene**, z. B.: Blütenpollen, Hausstaubmilbenkot, Proteine aus Speichel und Hautschuppen von Tieren („Tierhaarallergie"), Pilzsporen, Lösungsmittel in Lacken und Leimen
- **Nahrungsmittelallergene**, z. B.: Gluten
- **Insektengifte**, z. B.: Bienen- und Wespengift
- **allergene Medikamente**, z. B.: Antibiotika

An der Ausbildung von allergischen Reaktionen sind hauptsächlich die Immunglobulin-E-Antikörper **(IgE)** und die **Mastzellen** (bestimmte weiße Blutzellen) beteiligt. Beim Erstkontakt mit einem Antigen des späteren Allergens bilden Plasmazellen neben anderen Antikörperklassen auch spezifische IgE-Moleküle, die sich an Rezeptoren an der Zelloberfläche der Mastzellen binden. Beim erneuten Kontakt mit dem Allergen setzen solche mit den IgE-Molekülen besetzten Mastzellen das in ihren Golgi-Vesikeln (siehe (1) S. 14) enthaltene **Histamin** und Serotonin frei. Im Gegensatz zu Nicht-Allergikern funktioniert bei Allergikern die Abschaltung der Immunreaktion durch die entsprechenden T-Unterdrückerzellen nicht. Die hohe Konzentration der freigesetzten Stoffe führt zu den typischen allergischen Reaktionen wie Entzündungen, Schwellungen der Schleimhäute und erhöhte Sekretproduktion.

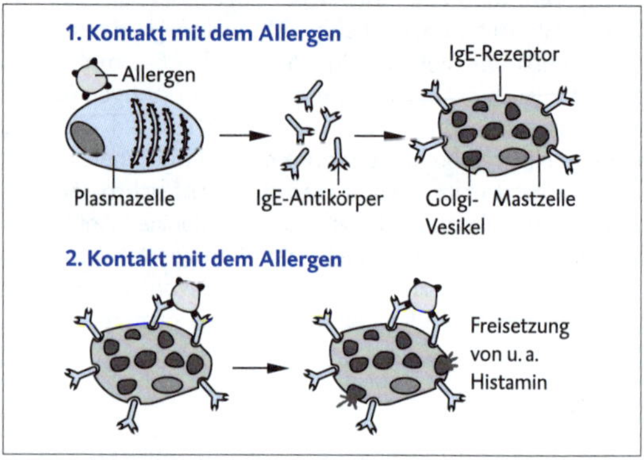

Allergische Reaktion

Die Ursachen für die übermäßige Reaktion des Immunsystems auf harmlose Allergene sind noch nicht vollständig geklärt. Es gibt dazu eine Reihe von mehr oder weniger gesicherten Hypothesen, z. B.:

- genetische Veränderungen und erbliche Dispositionen
- fehlende Belastung des Immunsystems im Kindesalter
- Veränderungen der Ökologie der im Körper vorkommenden Bakterien (z. B. durch Antibiotika)
- Vielzahl komplexer Zusatzstoffe in Nahrungsmitteln
- psychosomatische Effekte

Evolution

8 Historische Entwicklung des Evolutionsgedankens

Der Begriff **Evolution** (von lat. *evolvere* = auseinanderrollen, entwickeln) bezieht sich im Allgemeinen auf den Ursprung und die Umwandlung bzw. Weiterentwicklung von Elementen in einem System.
In der Biologie untersucht die Evolutions- oder **Abstammungslehre** die Entfaltung der Lebewesen auf der Erde. Dabei werden die Entstehung des Lebens und die Entwicklung des Menschen mit einbezogen.
Vorstellungen von den **Ursprüngen des Lebens** bzw. des Menschen gab es schon lange, bevor wissenschaftliche Methoden zu deren Erforschung eingesetzt wurden. Sie veränderten sich im Verlauf der Menschheitsgeschichte und spiegelten stets die vorherrschenden gesellschaftlichen Verhältnisse wider. Biologische Evolution ist sehr schwer zu beobachten, da sie meist in Zeiträumen abläuft, die die Lebensspanne eines Menschen weit übersteigen. Deshalb ist der Erkenntnisprozess auf Indizien und Belege angewiesen, die Wissenschaftler erst seit dem 19. Jahrhundert zu ersten Entwicklungstheorien inspirierten. Zuvor wurde allgemein angenommen, dass alle Lebensformen von Anfang an so geschaffen wurden, wie sie heute noch existieren.

8.1 Lehre von der Konstanz der Arten

Die griechischen Naturphilosophen gingen von unterschiedlichen Erklärungen der Entstehung des Lebens aus. Den Ursprung der Lebewesen erklärte z. B. **THALES VON MILET** durch eine natürliche, immer wieder spontan auftretende Urzeugung aus dem Wasser. **ARISTOTELES** nahm an, dass es eine lenkende Kraft gäbe, die hinter der Entstehung der Lebewesen stecke, und ordnete erstmals die bekannte Tierwelt nach ihrer Organisationshöhe. Von der Antike bis ins Mittelalter war seine Vorstellung einer hierarchischen Stufenleiter der belebten und unbelebten Natur mit dem Menschen an der Spitze, der ***scala naturae***, verbreitet.

Bis in das 19. Jahrhundert hinein folgte das christlich geprägte Weltbild der Auffassung von Aristoteles, der die Arten als unveränderlich ansah.

Carl von Linné (1707–1778) führte die binäre Nomenklatur (Gattungs- und Artnamen, siehe S. 86 f.) für Organismen ein und entwickelte die moderne Systematik. Die von ihm erkannten Variationen und Veränderungen in den Artmerkmalen ließen ihn aber nicht an der Konstanz der Arten zweifeln.

Ausschnitte aus einer *scala naturae* nach C. Bonnet

Georges Cuvier (1769–1832) versuchte eine Erklärung für die inzwischen in großer Zahl gefundenen Fossilien zu liefern. Er erkannte, dass sich die gefundenen Organismen je nach Tiefe der Erdschichten unterschieden. Die schlüssigste Erklärung dieser Beobachtung war für ihn die **Katastrophentheorie**. Demnach hatten umfassende Naturkatastrophen immer wieder für die Auslöschung der meisten Lebewesen gesorgt. Die Individuen wurden in den einzelnen geologischen Schichten zu Fossilien versteinert. Anschließend kam es jeweils zur Zuwanderung von anderen Organismen aus nicht betroffenen Gebieten in die verwüsteten Regionen. Schließlich wurden diese Lebewesen auch wieder vernichtet usw.

Der Geologe **Charles Lyell** (1797–1875) vertrat das Prinzip des **Aktualismus** (auch: **Aktualitätsprinzip**). Danach wirkten in der Vergangenheit die gleichen Naturgesetze, wie sie heute zu beobachten sind. Er war sich sicher, dass die geologischen Schichtfolgen in der Regel durch kontinuierlich und langsam wirkende Kräfte entstanden sind, nicht aufgrund von Katastrophen, und dass die Erde wesentlich älter ist als bis dahin angenommen.

8.2 Historische Evolutionstheorien

Die wissenschaftlichere Bewertung von Fossilienfunden und kritischere Naturbeobachtungen führten im Laufe des 19. Jahrhunderts zur Kritik an der Lehre von der Konstanz der Arten. Viele mutige Naturwissenschaftler entwickelten in dieser Zeit Hypothesen, die von einem kontinuierlichen Artwandel ausgingen.

Lamarckismus

Der erste Vertreter einer zusammenhängenden **Evolutionstheorie** war **Jean-Baptiste DE LAMARCK** (1744–1829). Er sah in der *scala naturae* kein statisches Gebilde, sondern die Momentaufnahme einer progressiven Entwicklung. In seinem Werk „*Philosophie zoologique*“ vertrat er eine zeitliche Aufeinanderfolge der Tierarten, beginnend bei den einfachsten Tieren bis hin zu den Säugern. Die Ursache für diese Entwicklung sah LAMARCK in der Ausbreitung der Lebewesen über die Erde, genauer in ihrer aktiven Anpassung an die damit verbundenen Veränderungen in den Lebensumständen.

Der Erklärungsansatz LAMARCKs, später als **Lamarckismus** bezeichnet, ist – obwohl er sich widerlegen lässt – in sich logisch und nachvollziehbar. Seine Theorie beruht auf der Beobachtung, dass der häufige **Gebrauch** eines Organs oder einer Fähigkeit zu deren **stärkerer Ausbildung** bzw. Entwicklung je nach Nutzungsdauer und -art führt. Umgekehrt werden Organe und Fähigkeiten durch **Nichtgebrauch** zurückgebildet. Laut Lamarck folgen die Lebewesen damit einem inneren **Vervollkommnungstrieb**, der sie dazu bewegt, sich den Erfordernissen der Umwelt anzupassen. Alle auf diese Weise **erworbenen individuellen Eigenschaften** werden nach LAMARCKS Theorie an die Nachkommen **vererbt** und bieten damit die Grundlage des über viele Generationen hinweg ablaufenden Wandels einer Art.

Das Prinzip, das hinter den erworbenen Änderungen steht (Modifikationen, siehe S. 5 f und 90), konnte LAMARCK nicht erkennen. Trotzdem war die Auseinandersetzung mit seinen Thesen die Grundlage für völlig neue Denkansätze.

Darwinismus

Charles DARWIN (1809–1882) schuf 1859 mit der in seinem Werk „*On the Origin of Species by means of Natural Selection*“ entwickelten **Selektionstheorie** die Basis für unser heutiges wissenschaftliches Evolutionsverständnis.

DARWIN war als guter Beobachter und Analytiker bereits durch die Aktualitätstheorie LYELLS beeinflusst, als er die Gelegenheit wahrnahm, von 1831 bis 1836 an der Weltumseglung des britischen Vermessungsschiffs *Beagle* teilzunehmen.

Das Auffinden von fossilen Meeresmuscheln im Hochgebirge der Anden und von Skeletten des bereits von CUVIER beschriebenen ausgestorbenen Riesenfaultiers *(Megatherium americanum)* regte bei DARWIN den Gedanken von der Veränderlichkeit der Arten an. Aber erst der Besuch des Galapagosarchipels und die Untersuchung seiner endemischen (nur dort vorkommenden) Inselfauna inspirierten ihn wesentlich zu seiner Selektionstheorie. Dabei erkannte er, dass die verschiedenen Finkenarten der Inselgruppe offensichtlich von einer ursprünglich auf dem südamerikanischen Festland heimischen Art abstammen mussten. Auf den Galapagosinseln entwickelten sich aus einzelnen Individuen der kontinentalen Finken, die zufällig auf die vulkanischen Inseln geraten waren, 13 neue, an unterschiedliche Ernährungsweisen angepasste Arten (siehe S. 97 f.).

Die Selektionstheorie beruht auf den folgenden Grundthesen, die heute unter dem Begriff **Darwinismus** zusammengefasst werden:

- Alle Organismen produzieren eine höhere Anzahl an Nachkommen, als zur reinen „Arterhaltung" notwendig wäre. Diese **Überproduktion** ist zumeist größer, als die natürlichen Ressourcen tragen könnten, die der Gesamtheit der Individuen der Art zur Verfügung stehen.
- Die Nachkommen einer Art unterscheiden sich in ihren Merkmalen geringfügig, sie sind also **variabel** (heute: tragen unterschiedliche Gene und Genkombinationen).
- Im Laufe der Zeit treten immer wieder erbfeste Veränderungen (heute: Mutationen) auf. Diese können an die Nachkommen **weitervererbt** werden.
- Die **Konkurrenz** um die begrenzten Ressourcen führt zu einer **natürlichen Selektion** (natürliche Zuchtwahl, Auslese), die diejenigen Individuen begünstigt, die Merkmale tragen, die in der jeweiligen Umwelt am vorteilhaftesten sind. Dadurch ist die Überlebens- und die Fortpflanzungswahrscheinlichkeit dieser Individuen gegenüber ihren weniger gut angepassten Artgenossen erhöht. Die spezifischen Merkmale, die letztlich zur besseren Überlebensfähigkeit führen, werden somit in stärkerem Maße an die nächste Generation weitergegeben (Vererbung). Ungeeignete Varianten sterben langfristig aus (*„survival of the fittest"*).
- Über lange Zeiträume hinweg führt die immer bessere Angepasstheit der Lebewesen an ihre Umwelt zu einem **Artwandel**.

DARWIN bezog in seine Beweisführung neben der natürlichen auch die durch den Menschen bedingte **künstliche Zuchtwahl** mit ein. Hierbei hebt der Züchter die natürlichen Selektionsbedingungen auf und liest die entsprechenden Merkmale stattdessen nach seinen Bedürfnissen aus. Im Gegensatz zur natürlichen Auslese läuft die „Evolution" bei Haus- und Nutztieren stark beschleunigt ab, da der Mensch auf eine relativ kleine Zahl an Individuen einen großen Selektionsdruck ausübt (siehe S. 90 ff.).

Weiterhin ging DARWIN von der sogenannten **geschlechtlichen Zuchtwahl** (auch: **sexuelle Selektion**) aus. Bei diesem Sonderfall der intraspezifischen Konkurrenz ist der Fortpflanzungserfolg an die „Attraktivität" körperlicher Merkmale gebunden. Stärke, Durchsetzungsfähigkeit oder besondere Äußerlichkeiten (z. B. Farbintensität, Geweihgröße, Federnlänge) sind wirksame sexuelle Auslöser, die gleichzeitig den Partner zur Paarung animieren und Rivalen abschrecken sollen. Aufgrund der Wechselwirkung zwischen der Ausprägung des Merkmals und der Fortpflanzungsrate entsteht der bei vielen Arten auffallende **Geschlechtsdimorphismus**, also der Unterschied bestimmter Merkmale bei Männchen und Weibchen.

9 Synthetische Evolutionstheorie

Mithilfe der Darwinschen Selektionstheorie lässt sich zwar der Ablauf des durch Belege gesicherten Artwandels erklären, die bei der Evolution wirkenden Gesetzmäßigkeiten sowie deren molekulare Angriffsorte kannte DARWIN dem damaligen Stand der Wissenschaft entsprechend aber nicht.

Zur Klärung der Mechanismen der stammesgeschichtlichen Entwicklung wird der Darwinismus heute um die Erkenntnisse aus allen Disziplinen der modernen Biologie erweitert. Waren es Anfang des 20. Jahrhunderts zunächst nur die Zell- und die Entwicklungsbiologie, so sind es heute auch die Genetik, die Ökologie, die Verhaltensbiologie und die Biochemie, die Indizien für den Ablauf der Evolution beisteuern. Aus dieser Erweiterung der klassischen Selektionstheorie nach DARWIN ist die **Synthetische Evolutionstheorie** hervorgegangen. Danach verläuft die Evolution durch die Wirkung von **fünf Evolutionsfaktoren:** Mutation, Rekombination, Selektion, Isolation und Gendrift (siehe S. 88 ff.).

9.1 Populationsgenetische Grundlagen

Kernaussage der synthetischen Evolutionstheorie ist, dass die Arten nicht seit Anbeginn der Welt in der heutigen Form existieren, sondern dass sie sich im Laufe der Zeit verändert haben. Eine der Grundlagen der (Evolutions-)Biologie ist es daher, den Begriff der **„Art“** möglichst genau zu definieren.

- **Morphologischer Artbegriff:** Nach diesem auf LINNÉ zurückgehenden Artbegriff umfasst eine Art alle Individuen, die in ihren wesentlichen Merkmalen übereinstimmen.
  Diese Einteilung von Lebewesen aufgrund äußerer Merkmale ist aber oft nicht eindeutig.
- **Biologischer Artbegriff:** Aus diesem Grund wurde der morphologische durch den biologischen Artbegriff ergänzt. Nach diesem gehören Individuen zu einer Art, wenn sie miteinander fertile (fruchtbare) Nachkommen hervorbringen können.

Ähnliche, miteinander verwandte Arten bilden Gattungen, diese wiederum Familien usw. Alle Lebewesen lassen sich so in ein hierarchisches **natürliches System der Organismen** nach LINNÉ einordnen, z. B.:

Reich	Animalia (Tiere)
Stamm	Chordata (Wirbeltiere)
Klasse	Mammalia (Säugetiere)
Unterklasse	Eutheria (höhere Säugetiere)
Überordnung	Laurasitheria
Ordnung	Carnivora (Raubtiere)
Überfamilie	Feloidea (Katzenartige)
Familie	Felidae (Katzen)
Unterfamilie	Pantherinae (Großkatzen)
Gattung	Panthera (eigentliche Großkatzen)
Art	*Panthera tigris* (Tiger)
Unterart	*Panthera tigris tigris* (Königstiger)

Die systematischen Kategorien werden als **Taxa** (Singular **Taxon**) bezeichnet (siehe auch Kladen, S. 106).
Im Gegensatz zu LINNÉs Überzeugung wird dieses System heutzutage aber nicht als unveränderlich angesehen, sondern einerseits immer wieder durch die moderne Biologie korrigiert und andererseits als Momentaufnahme in der Entwicklungsgeschichte betrachtet.

Alle Individuen einer Art, die in einem Ökosystem vorkommen und sich daher tatsächlich untereinander fortpflanzen können, bilden eine **Population**. **Unterarten** sind Populationen einer Art, die sich in einem oder mehreren vererbbaren Merkmalen voneinander unterscheiden. Unter bestimmten Umständen können sich aus Unterarten voneinander getrennte Arten entwickeln (siehe S. 95 ff.).
Die **Genotypen** aller Individuen einer Population unterscheiden sich geringfügig voneinander (Variabilität, siehe S. 88 ff.). Der gemeinsame **Genpool** einer Population umfasst die Gesamtheit aller verschiedenen Allele (Genvarianten) in dieser Population. Durch Mutationen wird diese Anzahl stetig erhöht. Die verschiedenen Allele treten dabei mit unterschiedlicher Häufigkeit **(Allelfrequenz)** in der Population auf.
Die Frequenz bestimmter Allele kann in verschiedenen, geografisch getrennten Populationen derselben Art unterschiedlich sein. Die Häufigkeit von Allelen in natürlichen Populationen lässt sich durch mathematische Modelle vorhersagen. Ein solches Modell ist die **Hardy-Weinberg-Regel**, die besagt, dass die Allelfrequenzen in idealen Populationen über die Generationen hinweg unverändert bleiben und mit der folgenden Formel (Hardy-Weinberg-Formel) berechnet werden können:

$(p+q)^2 = p^2 + 2pq + q^2 = 1$ mit p … Häufigkeit des Wildtypallels A
q … Häufigkeit des mutierten Allels a

Daraus folgt: p^2 = Häufigkeit der homozygoten AA-Genotypen
q^2 = Häufigkeit der homozygoten aa-Genotypen
$2pq$ = Häufigkeit der heterozygoten Aa-Genotypen

Wie gesagt, gilt diese Rechnung nur in einer **idealen Population**, in der die folgenden Voraussetzungen den Einfluss der Selektion bzw. des Zufalls ausschließen:

- Es finden keine Mutationen statt.
- Die Population muss unendlich groß sein, sodass zufällige Schwankungen keine Rolle spielen.
- Es dürfen keine Individuen aus der Population aus- oder einwandern.
- Alle Individuen paaren sich mit gleicher Wahrscheinlichkeit mit allen (andersgeschlechtlichen) Individuen **(Panmixie)**.
- Jedes Allel muss dem Träger die gleiche Überlebenschance bieten, d. h., es darf keine Selektion erfolgen.

Wenn die Allelfrequenzen aufgrund dieser Bedingungen stabil bleiben, kann zwangsläufig keinerlei Veränderung und so auch keine Evolution erfolgen. In **natürlichen (realen) Populationen** sind die Bedingungen der idealen Population aber nie erfüllt. Jede Abweichung (z. B. die Bevorzugung bestimmter Fortpflanzungspartner) führt zur Veränderung der Allelfrequenzen und damit auf lange Sicht zum Artwandel.

9.2 Variabilität – Mutation und Rekombination

Für die Variabilität der Phänotypen in einer Population gibt es grundsätzlich zwei verschiedene Ursachen:

- **Genetische Variabilität:** durch unterschiedliche genetische Voraussetzungen der Individuen.
- **Modifikatorische Variabilität:** durch Einfluss unterschiedlicher Umweltbedingungen auf die Individuen.

Nur die genetische Variabilität spielt in der Evolution eine Rolle, da nur sie im Erbgut verankert ist und damit an die Nachkommen weitergegeben werden kann. Diese Vielfalt innerhalb einer Population wird durch **Mutation** und **Rekombination** aufrechterhalten bzw. ständig erhöht. In der Regel spiegelt sie sich auch im Phänotyp wider, d. h., in der Population gibt es bezüglich äußerer Merkmale verschiedene Varianten. Diese Erscheinung wird **Polymorphismus** genannt.

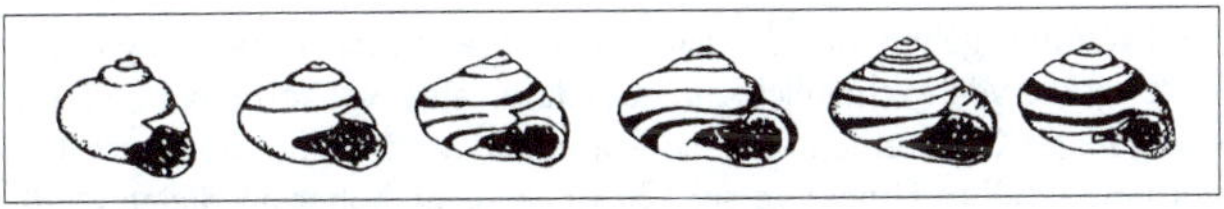

Polymorphismus am Beispiel der Gehäuse der Hain-Bänderschnecke

Mutationen

Mutationen als ungerichtete Veränderungen des Erbmaterials können spontan auftreten oder durch Mutagene ausgelöst werden (siehe auch S. 33 f.). Durch die Änderung der Basensequenz kann z. B. der Aufbau eines Enzyms stark umgestaltet werden. Infolgedessen kommt es möglicherweise zu Veränderungen des Stoffwechsels und evtl. auch der äußeren Merkmale. Diese Veränderungen wiederum können einen Einfluss auf die **Fitness** des Trägers der Mutation haben. Unter dem Begriff Fitness wird im biologischen Sinn die Angepasstheit oder Tauglichkeit eines Organismus verstanden, die beispielsweise anhand der Nachkommenzahl bzw. des Beitrags zum Genpool der kommenden Generation bestimmt werden kann. Führen die Veränderungen zu einer höheren Überlebenschance und infolgedessen zu einem größeren Fortpflanzungserfolg, werden sie sich schnell in der Population anreichern. Vermindern sie dagegen (wie in den meisten Fällen) die Fitness, so wird ihre Ausbreitung verhindert.

Neutrale Änderungen bzw. rezessiv-nachteilige Allele können sich in der Population halten, da sie im heterozygoten Zustand keinen Einfluss auf die Überlebenschance eines Organismus haben. Auf diese Weise können Mutationen zu **Präadaptationen** werden, die sich in einer plötzlich veränderten Umwelt als Überlebensvorteil herausstellen können (siehe auch S. 92 und 118).

Rekombination

Bei der **sexuellen Fortpflanzung** kommt es zur **Vermischung des Erbmaterials** zweier Individuen. Damit entstehen aus der Neukombination von bereits vorliegenden Genen neue Phänotypen, an denen die Selektion angreifen kann. Durch die zufällige und ungerichtete Rekombination der Gene während der Keimzellbildung (siehe S. 10 ff.) und der Befruchtung (siehe S. 62) wird die genetische Variabilität der Individuen einer Population erhöht, ohne dass neue Allele erforderlich sind.

In dieser enormen **Erhöhung der genetischen Vielfalt**, die nicht auf in vielen Fällen schädlichen Mutationen lebensnotwendiger Gene basiert, besteht der fundamentale Vorteil der sexuellen Reproduktion für die Evolution gegenüber der einfachen vegetativen Vermehrung durch Teilung: Die Wahrscheinlichkeit, dass durch eine Neukombination funktionsfähiger Gene eine Merkmalskombination entsteht, die ihrem Träger eine erhöhte Fitness verschafft, ist ungleich höher als diejenige für die zufällige Entstehung eines vorteilhaften Allels durch Mutation.

Modifikation

Als **Modifikationen** (siehe auch S. 5 f.) werden umweltbedingte Veränderungen des Phänotyps eines Lebewesens innerhalb einer bestimmten genetisch festgelegten **Reaktionsnorm** (Schwankungsbreite, in der ein Merkmal variieren kann) bezeichnet. Die Veränderungen spiegeln sich nicht im Erbgut wider und sind daher nicht erblich.
Zwar greift die Selektion (siehe unten) am Phänotyp an, der durch die Modifikation entstanden ist. An die Nachkommen weitergegeben wird aber nur die Fähigkeit, unter den gleichen Bedingungen einen ähnlichen Phänotyp auszubilden, nicht aber der Phänotyp selbst. Folglich haben Modifikationen keinen Einfluss auf die Evolution.

9.3 Selektion

Organismen müssen sich in ihrer jeweiligen Umwelt mit einer Vielzahl von einschränkenden Lebensbedingungen auseinandersetzen. Aus der großen Anzahl an variierenden Individuen einer Population können sich diejenigen am erfolgreichsten fortpflanzen, die in ihren Eigenschaften und Merkmalen, d. h. im Phänotyp, am besten an die in ihrem Lebensraum herrschenden **Selektionsfaktoren** angepasst sind. Als Selektionsfaktoren bezeichnet man sämtliche Umweltfaktoren (siehe S. 86 ff. und 93 ff.), die einen Einfluss auf die Fitness von Individuen haben:

- **Abiotische Selektionsfaktoren:** z. B. Klimafaktoren, Bodenverhältnisse
- **Biotische Selektionsfaktoren:** z. B. interspezifische Konkurrenz, intraspezifische Konkurrenz (inkl. geschlechtlicher Zuchtwahl, siehe S. 85), Fressfeinde, Einflüsse des Menschen

Die Angepasstheit eines Individuums entscheidet also über seine Fitness, d. h. über den Beitrag der seinem Phänotyp zugrunde liegenden Gene zum Genpool der nächsten Generation. Geringste Unterschiede können dabei langfristig zum Verschwinden oder zur Durchsetzung von

Genotypen führen. Durch die Selektion ergibt sich eine gerichtete Verschiebung der Allelfrequenzen in einer Population, abhängig von den auf sie einwirkenden Faktoren.
Es gibt prinzipiell drei verschiedene Möglichkeiten dafür, wie dieser **Selektionsdruck** die Allelhäufigkeiten und damit die Variationsbreite der Phänotypen innerhalb einer Population bezüglich eines bestimmten Merkmals verändern kann.

Stabilisierende Selektion
In einer über einen längeren Zeitraum gleichbleibenden Umwelt wirkt der Selektionsdruck stabilisierend auf die Merkmale einer Population (vorausgesetzt, die Population ist im Durchschnitt bereits optimal an ihre Umwelt angepasst). Die vom „Durchschnittstyp" abweichenden Varianten besitzen in diesem Fall immer eine geringere Fitness und werden daher selektiert. Durch diese häufigste Form der Selektion bleibt die bestmögliche Angepasstheit der Art an die aktuellen Umweltbedingungen erhalten.

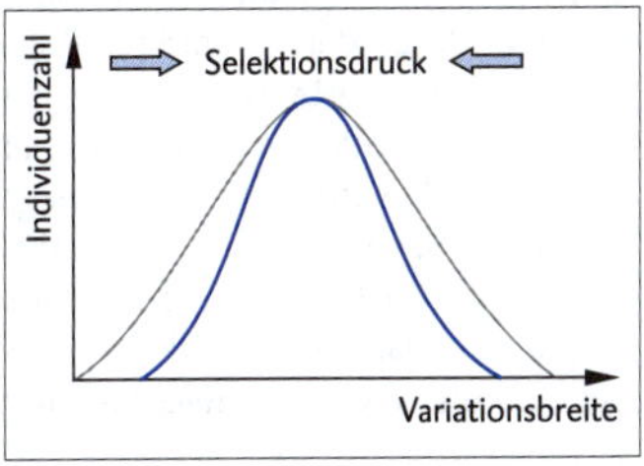

Stabilisierende Selektion

Transformierende Selektion
Bei einer Veränderung der Umweltbedingungen können sich die Merkmale einer Population in eine bestimmte Richtung verschieben. Durch den veränderten Selektionsdruck erhalten u. U. Varianten einen Selektionsvorteil, die ein seltenes Allel tragen und daher vom „Durchschnittstyp" abweichen. Ihr bislang geringer Fortpflanzungserfolg erhöht sich und ihr Anteil an der Population nimmt zu.

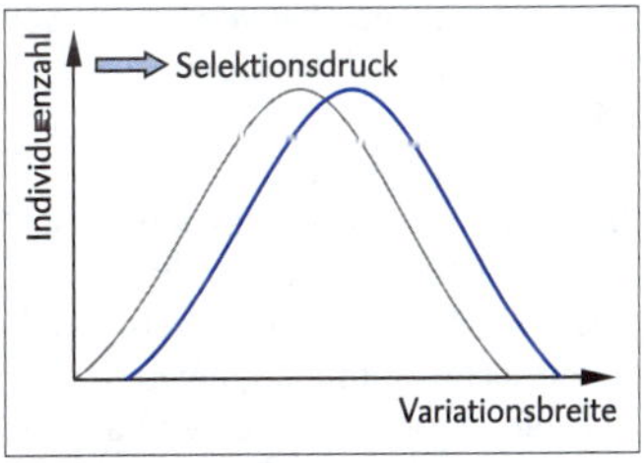

Transformierende Selektion

Der bei der Birkenspannerpopulation um Manchester (England) beobachtete **Industriemelanismus** ist ein Beispiel für eine transformierende oder richtende Selektion. Der nachtaktive Falter ist durch die weiße Grundfarbe seiner Flügel optimal getarnt, um untertags an Birkenstämmen mit ihrer überwiegend sehr hellen Rinde zu verharren. Selten auftretende dunkle Varianten, die aufgrund einer Mutation mehr Farbstoff (Melanin) produzieren, werden auf weißen Birken schnell durch Vögel entdeckt und gefressen (stabilisierende Selektion bei gleichbleibender Umwelt). Von der Mitte des 19. Jahrhunderts an wurden die Baumrinden aber durch den verstärkten Rußausstoß im Zuge der Industrialisierung dunkel verfärbt. Dadurch ergab sich ein starker Selektionsdruck zugunsten der dunklen Varianten der Nachtfalter: Um 1960 waren bereits 99 % der Birkenspanner in Industriegebieten dunkel gefärbt.
Bei der dunklen Flügelfärbung handelt es sich um eine **Präadaptation:** Ein bereits im Genpool vorhandenes rezessives Allel, das sich zuvor aufgrund negativer Auswirkungen nicht ausbreiten konnte, wird durch die Veränderung der Umweltbedingungen zum Selektionsvorteil.

Auf diese Weise kann es zur **Artwandlung** (auch: **Artumwandlung**) kommen: Arten können ihr Erscheinungsbild allmählich ändern, sodass rezente (heute lebende) Formen im Vergleich zu sehr alten Fossilien einer anderen Art anzugehören scheinen. Dass es sich dennoch wahrscheinlich um ein und dieselbe Art handelt, wird an fossilen Übergangsformen sichtbar wie bei der Süßwasserschnecke *Viviparus brevis.*

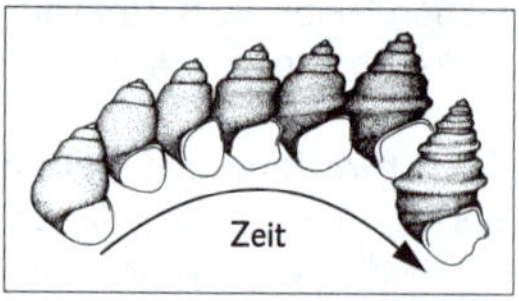

Disruptive Selektion

Bei dieser Form der Selektion wird die Fitness der bisher häufigsten Phänotypen durch veränderte Umweltbedingungen verringert und die extremen Varianten innerhalb der Population erhalten einen Selektionsvorteil. Bleibt der Selektionsdruck über längere Zeit erhalten, kann es durch weitere Spezialisierung zu

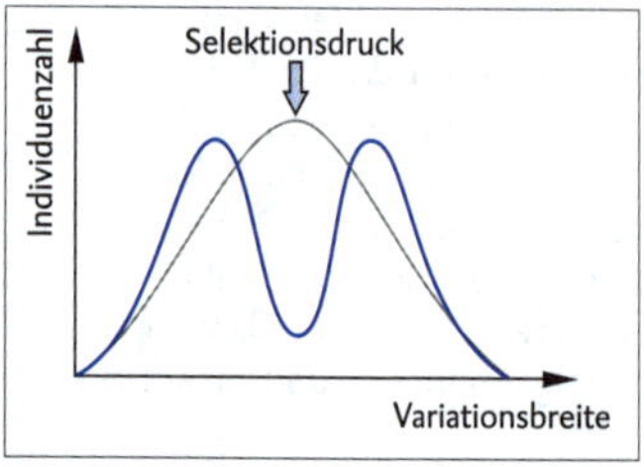

Disruptive Selektion

einer Spaltung der Population kommen. Diese Form der Selektion ist relativ selten. Bei der adaptiven Radiation der Darwinfinken (siehe S. 97 f.) ist es jedoch mehrfach zu einer disruptiven Selektion gekommen.

Spezialfälle der Selektion – Mimikry und Koevolution

Unter **Mimikry** (siehe auch (1) S. 95) versteht man die Nachahmung von Merkmalen und/oder Eigenschaften einer Tier- oder Pflanzenart durch eine andere. Die Ähnlichkeiten werden dabei natürlich nicht absichtlich oder bewusst herbeigeführt, sondern sind Ausdruck des Selektionsvorteils derjenigen Individuen, die die entsprechenden Merkmale tragen. Drei Formen der Mimikry sind besonders häufig anzutreffen:

- **Batessche Mimikry:** Hierbei erreicht eine harmlose Art einen erhöhten Fraßschutz durch die Nachahmung des Äußeren einer giftigen oder wehrhaften Art. Voraussetzung für das Funktionieren dieser Scheinwarntracht ist, dass die Fressfeinde die Ungenießbarkeit des Vorbildes erfahren haben und daher die entsprechenden Merkmale meiden. Dies ist nur gewährleistet, wenn in einem Biotop deutlich mehr giftige als ungiftige Formen mit den gleichen Merkmalen auftreten. Die Populationsdichte des Nachahmers wird dadurch stark eingeschränkt.

Hornisse und Hornissenschwärmer

- **Aggressive Mimikry:** Im umgekehrten Fall tarnen sich Angreifer als harmlose Arten. So wird der Putzerfisch, der andere Fische von Parasiten befreit, von einem aggressiven Säbelzahnfisch nachgeahmt, der die Ähnlichkeit beim Angriff auf ahnungslose „Patienten“ ausnutzt. Auch hier ist es wieder entscheidend, dass die Populationsdichte der Nachahmer wesentlich geringer ist als die des Vorbildes.
- **Müllersche Mimikry:** Mehrere ungenießbare oder wehrhafte Arten gleichen sich bei dieser Form der Mimikry in ihrem Aussehen. Da diese Arten unterschiedliche ökologische Nischen besetzen, wird so die Anzahl an gleich aussehenden giftigen Individuen in einem Biotop erhöht. Auf diese Weise lernen Fressfeinde die Warnmerkmale schneller kennen, der Abschreckungseffekt wird erhöht und weniger Individuen werden Opfer des Lernprozesses potenzieller Räuber.

Die wechselseitige Anpassung zweier Arten aneinander zur Sicherung ihrer Existenz bzw. ihrer Fortpflanzung nennt man **Koevolution**. Dabei üben beide Arten einen Selektionsdruck aufeinander aus, der die Anpassung der jeweils anderen Art bedingt. Die aus der Wechselbeziehung der Arten entstandenen Merkmale nennt man **Koadaptationen**. Voraussetzung ist eine direkte Interaktion zwischen den Arten, z. B. in einer Symbiose, beim Parasitismus oder in einem Räuber-Beute-System (siehe (1) S. 100 f.).

Besonders deutlich wird der Ablauf einer Koevolution bei der Entwicklung von Blüten und ihren Bestäubern: Viele Blüteneigenschaften (z. B. Farbigkeit, Duft, Nektarangebot, Form des Blütenbechers) haben sich in Anpassung an die sie bestäubenden Insekten entwickelt. Auch die Insekten haben besondere Merkmale, die sich koadaptiv gebildet haben (z. B. „Taschen" zum Pollensammeln an den Beinen, Rüssel).

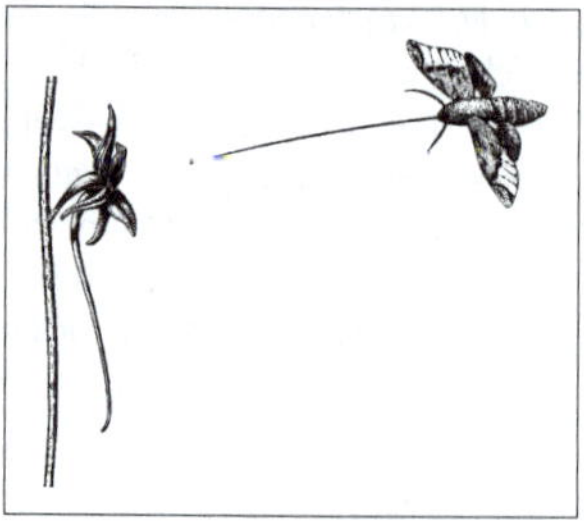

Orchideenblüte und Schmetterling

Aus der engen Anpassung der Organismen aneinander ergeben sich aber auch Nachteile: Meist ist einer der Partner (im abgebildeten Beispiel die Orchidee) so stark auf den anderen angewiesen, dass bei einem Rückgang der einen Art auch das Überleben der anderen Art gefährdet ist.

9.4 Gendrift – die Wirkung des Zufalls

Hat ein Ereignis die sehr starke Verkleinerung einer Population zur Folge, so kann dies bedeuten, dass die übrigbleibenden Individuen einen sehr kleinen Ausschnitt aus dem Genpool der Ursprungspopulation repräsentieren. Aufgrund der Paarung der wenigen Individuen untereinander (Inzucht) verringert sich die genetische Variabilität weiter.

Eine solche nicht auf Mutationen oder Selektion zurückgehende, sondern rein auf Zufallseffekten beruhende Änderung der Allelfrequenzen in meist relativ kleinen Populationen bezeichnet man als **Gen-** oder **Alleldrift**. Je geringer die Individuenzahl einer Population ist, desto stärker kommt der Zufallseffekt zum Tragen.

Ursache für eine Gendrift kann die Migration weniger Individuen in unbesiedelte Biotope (z. B. auf eine Insel) sein. In diesem Fall spricht man vom **Gründereffekt**. Die als **Gründerpopulationen** bezeichneten

Gruppen von Tieren oder Pflanzen umfassen zwangsläufig nur einen stark eingeschränkten und zufällig zusammengestellten Anteil des Genpools der Ursprungspopulation. Als Beispiel sind hier die Darwinfinkenarten auf den Galapagosinseln zu nennen (siehe S. 97 f.).
Auch durch die dramatische Verkleinerung einer Population z. B. infolge von extremer Witterung oder Seuchen können sich die Allelhäufigkeiten in einer Population verschieben bzw. kann die Allelvielfalt abnehmen. Die Verringerung der Individuenzahl führt zu einem **Flaschenhalseffekt**: Mit den überlebenden Individuen bleiben wenige, beliebige Allele erhalten, die dann den Grundstock für einen neuen Genpool bilden.

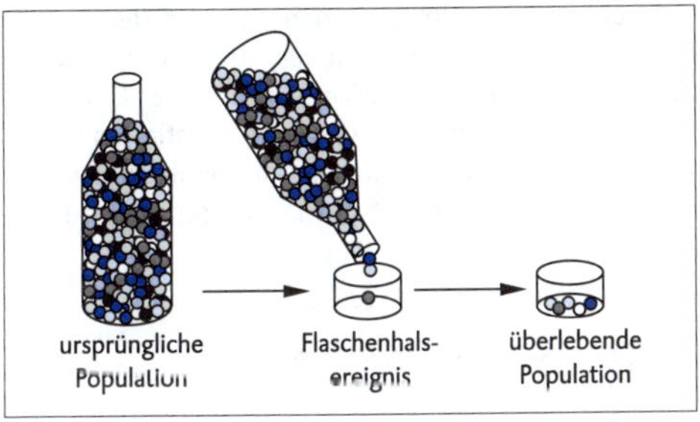

Flaschenhalseffekt

9.5 Artbildung durch Isolation

Voraussetzung für die **Entstehung neuer Arten (Artbildung, Speziation)** ist, dass wirksame **Fortpflanzungsbarrieren** zwischen Populationen entstehen, durch die der **Genaustausch (Genfluss)** zwischen den sich neu entwickelnden Arten unterbunden wird. Auf diese Weise können in den Populationen unterschiedliche Merkmale entstehen, die später eine Vermischung, also die Zeugung fruchtbarer Nachkommen unter natürlichen Bedingungen, verhindern. Ist dies der Fall, sind zwei getrennte Arten entstanden (biologischer Artbegriff, siehe S. 86).

Allopatrische Artbildung

Bei dieser Form der Speziation erfolgt zwischen zwei Teilpopulationen zunächst eine zufällige räumliche Trennung, die als **Separation** oder **geografische Isolation** bezeichnet wird. Der Genfluss wird durch geografische Gegebenheiten unterbunden, sodass die Teilpopulationen je nach herrschenden Umweltbedingungen eine voneinander unabhängige Entwicklung nehmen können. Drei Beispiele für Separationen sind:

- **Neubesiedlung** von Inseln (z. B. pazifischer Vulkaninseln wie Hawaii)
- **Klimaveränderungen**, die zur Ausbildung großer lebensfeindlicher Räume führen (z. B. Desertifikationen oder Vereisungen)
- **Bauwerke** des Menschen (z. B. Autobahnen, Landschaftszersiedlung)

Die Teilpopulationen, die auf diese oder andere Weise voneinander getrennt wurden, können sich durch unterschiedliche Rekombinationen und Mutationen zu **Unterarten** (siehe S. 87) entwickeln. Diese unterscheiden sich zwar voneinander, könnten sich aber theoretisch noch miteinander fortpflanzen.
Mit zunehmender Dauer der Trennung können sich aus den Unterschieden zwischen diesen Unterarten verschiedene **Isolationsmechanismen** (s. u.) ergeben. Durch sie wird eine Vermischung des Genpools auch dann verhindert, wenn die beiden getrennten Populationen später wieder in einem gemeinsamen Lebensraum zusammenkommen. Sie sind nun **reproduktiv isoliert** und damit per Definition in getrennte Arten übergegangen.

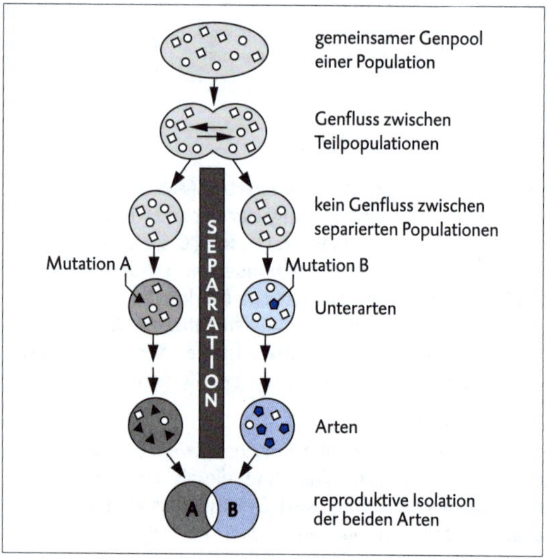

Entstehung von Arten

Man unterscheidet mehrere Mechanismen der reproduktiven Isolation (Isolationsmechanismen), die entweder vor oder nach der Befruchtung artverschiedener Individuen angreifen, z. B.:

- **Verhaltensbiologische (Ethologische) Isolation:** z. B. unterschiedliche Balzrituale oder Signale als Auslöser bei der Paarung
- **Zeitliche Isolation:** z. B. unterschiedliche Balzzeiten bei Tieren, verschiedene Blühzeiten bei Pflanzen
- **Ökologische Isolation:** z. B. durch die Besiedlung unterschiedlicher ökologischer Nischen (siehe (1) S. 93 f.)
- **Mechanische Isolation:** z. B. unterschiedlich gebaute Kopulationsorgane bei relativ nahe verwandten Insektenarten
- **Genetische Isolation:** z. B. Absterben oder Unfruchtbarkeit der gezeugten Bastarde aufgrund von unterschiedlicher Chromosomenzahl oder gravierenden Unterschieden in Teilen des Genoms

Reproduktiv isolierte Arten, die sich in ihren körperlichen Merkmalen kaum unterscheiden, werden manchmal als **Geschwisterarten** bezeichnet.

Sympatrische Artbildung

Diese Form der Artbildung aufgrund von spontaner genetischer Isolation geht stets von Einzelindividuen in einer nicht separierten (nicht geografisch getrennten) Population aus. Dabei wird bei ihnen das Genom meist so verändert, dass es nicht mehr zu einem Genaustausch mit den anderen Individuen der Population kommen kann. Innerhalb einer Population entwickelt sich somit eine neue Art. Ein Beispiel hierfür ist die bei Pflanzen häufig vorkommende **Polyploidisierung** (z. B. $2n \rightarrow 4n$, siehe S. 36). Mit ihren diploiden Verwandten können sich diese Sorten nicht mehr fortpflanzen, da die Nachkommen aus solchen Kreuzungen ($2n \times 4n$) triploid ($3n$) und daher steril sind.

9.6 Zusammenwirken von Evolutionsfaktoren

Die beschriebenen Evolutionsfaktoren wirken natürlich niemals isoliert, sondern in unterschiedlichen Kombinationen zusammen. Bereits in den vorangegangenen Kapiteln ist deutlich geworden, dass Isolation, Mutation, Rekombination, Gendrift und Selektion gemeinsam für die Artneubildung verantwortlich sind. Besonders gut lässt sich das Zusammenwirken der Evolutionsfaktoren am Beispiel der **Darwinfinken** auf Galapagos verfolgen:

Die Galapagosinseln sind vulkanischen Ursprungs, liegen vor der Westküste Amerikas und waren kurz nach ihrer Entstehung noch unbesiedelt. Vermutlich durch Sturmverwehung waren vor ca. 10 Millionen Jahren das erste Mal Körner fressende Bodenfinken auf die Inselgruppe gelangt **(Separation)**. Diese **Gründerpopulation** umfasste nur einen geringen Teil des ursprünglichen Genpools **(Gendrift)**. Sie konnte sich zunächst stark vergrößern, da Konkurrenz und Fressfeinde auf den Inseln nicht vorkamen. Durch **innerartliche Konkurrenz** wurde das Wachstum aber bald begrenzt.

Durch die Besiedlung des neuen Lebensraumes standen allerdings zahlreiche „freie" ökologische Nischen zur Verfügung, sodass verschiedene „Ausweichmöglichkeiten" vorhanden waren, um dem Konkurrenzdruck zu entgehen. Zur Besetzung der ökologischen Nischen **(Einnischung)** fächerte sich die Stammart in kurzer Zeit durch mehrfache disruptive Selektion in mehrere Arten auf **(adaptive Radiation)**.

Die Entstehung unterschiedlicher Arten wurde im Fall der Darwinfinken dadurch beschleunigt, dass Teile der Population auf andere Inseln des Archipels verdriftet wurden **(Separation)**. Dort bildeten sich aufgrund der dort herrschenden **Selektionsbedingungen** schnell neue Varianten aus, die andere ökologische Nischen erobern konnten (z. B. Insektenfresser mit spitzem Schnabel).

Als Nebeneffekt der Einnischung entstanden auch Merkmale, die die Fortpflanzung mit der Ursprungsart unmöglich machten **(reproduktive Isolation)**.

Bei einer erneuten Vermischung der nun getrennten Arten bestand keine Konkurrenz mehr, sodass sie den gleichen Lebensraum besiedeln konnten. Separation und Einnischung haben mehrfach stattgefunden, sodass heute auf den 24 Inseln 13 verschiedene Finkenarten nebeneinander existieren.

Adaptive Radiation der Darwinfinken

9.7 Evolutionsschübe nach Massenaussterben

Im Verlauf der Erdgeschichte kam es mehrfach zu Ereignissen, die ein **Massenaussterben** von Tiergruppen innerhalb geologisch recht kurzer Zeiträume (wenige Millionen Jahre) zur Folge hatten.

Das wohl bekannteste Massenaussterben ereignete sich vor ca. 65 Millionen Jahren und ist wahrscheinlich auf die globalen Klimaveränderungen nach einem verheerenden Meteoriteneinschlag zurückzuführen. Infolge dieser Katastrophe starb unter anderem die Gruppe der **Dinosaurier** aus.

Nach solchen Massenaussterben ist jeweils ein relativ rascher und starker Anstieg der Artenzahlen zu verzeichnen. Dies ist auf den Prozess der **adaptiven Radiation** zurückzuführen: Aus den verbliebenen Arten gingen neue Arten hervor, die die frei gewordenen ökologischen Nischen neu besetzen konnten. Im Fall des Massenaussterbens vor ca. 65 Millionen Jahren profitierten davon vor allem die **Säugetiere**.

10 Belege für die Evolution

Ein besonderes Problem bei der Aufklärung des Ablaufs der Evolution besteht darin, dass diese sich über Zeiträume erstreckt, die die Lebensspanne eines Menschen bei Weitem übersteigen (eine Artneubildung kann sich über mehrere Zehntausend bis Hunderttausend Jahre hinziehen). Die direkte Beobachtung von stammesgeschichtlichen Entwicklungsprozessen ist also nur in seltenen Ausnahmefällen möglich. Die Evolutionsbiologie ist daher auf Indizien und Belege angewiesen sowie auf die Zuverlässigkeit des **Aktualitätsprinzips**, nach dem die Naturgesetze unveränderlich sind (siehe S. 82).

10.1 Paläontologische Belege

Unter **Fossilien** versteht man allgemein die Reste und Spuren von Organismen aus früheren Erdzeitaltern. Die **Paläontologie** beschäftigt sich mit der Rekonstruktion der Anatomie, der Morphologie und der Lebensweise der ausgestorbenen Lebensformen. Sie liefert damit wesentliche Hinweise für die Aufklärung von Verwandtschaft und Entwicklung.

Fossilisation ist der Prozess der Entstehung der Fossilien, bei dem eine Reihe günstiger Bedingungen zusammentreffen muss, um einen toten Organismus vor der biologischen Zersetzung zu schützen. Je nach Art der Fossilisation unterscheidet man verschiedene Fossilienformen, z. B:

- **Hartteile:** schwer zersetzbare Teile von Organismen wie Knochen, Zähne usw.
- **Einschlüsse:** z. B. Insekten in Bernstein, deren gesamter Körper durch Luftabschluss erhalten geblieben ist
- **Abdrücke:** z. B. Trittsiegel, Körperumrisse
- **Versteinerungen:** z. B Verkalkungen oder Verkieselungen, bei denen organisches Material in Mineralien umgewandelt ist

Zur Einordnung der Fossilien in die zeitliche Abfolge der Evolution ist es wichtig, ihr Alter zu bestimmen.

Altersbestimmung von Fossilien

Eine Methode der **relativen Altersbestimmung** von Fossilien beruht auf der Betrachtung der **Gesteinsschichten**, in der die Überreste gefunden wurden. In ungestörten Sedimenten liegen die ältesten Schichten immer unten. Ist die Sedimentationsgeschwindigkeit bekannt, kann man auch auf das absolute Alter der einzelnen Schichten und damit der darin befindlichen Fossilien schließen. Allerdings können geologische Verwerfungen die Abfolge der Schichten an der Fundstelle stören. Hier kann eine weitere Form der relativen Altersbestimmung durch **Leitfossilien** eingesetzt werden: Charakteristische und immer wieder in bestimmten Schichten auftretende Fossilien helfen bei der Einordnung anderer Funde in ihrer Nähe.

Durch die Messung des **radioaktiven Zerfalls** bestimmter Elemente bzw. ihrer **Isotope** (verschieden schwere Formen eines chemischen Elements) wird das tatsächliche Alter von Fossilien ermittelt, weshalb man hier von einer Methode der **absoluten Altersbestimmung** spricht. Für die Datierung nutzt man den Umstand, dass alle radioaktiven Substanzen eine bestimmte **Halbwertszeit** haben: Nach dieser Zeitspanne sind 50 % der Ausgangssubstanz unter Aussendung radioaktiver Strahlung in ein anderes Isotop eines Elements zerfallen. Über die Menge der radioaktiven Substanz, die in einem Fossil bzw. der umgebenden Gesteinsschicht noch nachweisbar ist, lässt sich so dessen Alter bestimmen. Beispiele für auf Isotopenzerfall basierende Datierungsmethoden sind:

- **Radiocarbon-Methode:** Natürlich vorkommender Kohlenstoff besteht hauptsächlich aus dem ^{12}C-Isotop. Durch kosmische Strahlung entstehen aber ständig auch geringe Mengen an ^{14}C, das mit einer Halbwertszeit von etwa 5 730 Jahren wieder zerfällt. Solange tierische oder pflanzliche Organismen leben, nehmen sie aus der Umwelt die beiden Isotope in einem bestimmten Verhältnis auf. Nach ihrem Tod entfällt die weitere Zufuhr von ^{14}C. Mithilfe der Bestimmung des Restgehalts an ^{14}C können bis zu 50 000 Jahre alte Überreste von Pflanzen und Tieren datiert werden. Über diesen Zeitraum hinaus ist zu wenig ^{14}C übrig, um es sicher messen zu können.
- **Uran-Blei-Methode:** Wesentlich ältere und auch nichtorganische Fossilien werden über den Zerfall von Uran (^{238}U und ^{235}U) datiert. Beide Isotope zerfallen über mehrere Zwischenschritte zu Blei (^{206}Pb und ^{207}Pb). Die Halbwertszeit beträgt ca. 4,5 Milliarden bzw. ca. 704 Millionen Jahre. Mit dieser Methode, die aufgrund der gleichzeitigen Verwendung zweier Zerfallsreihen relativ genau ist, können Fossilien aus dem Präkambrium (ca. 4,56 Milliarden bis 540 Millionen Jahre) bis hin zum Tertiär (ca. 66 bis 2,58 Millionen Jahre) zeitlich eingeordnet werden. Auf jüngere Fossilien kann sie aufgrund der langen Halbwertszeit der beiden Uran-Isotope nicht angewandt werden.

Auswertung von Fossilfunden

Fossilfunde belegen die Hypothese von der **Veränderlichkeit der Arten**. Tiere und Pflanzen haben sich mit der Zeit verändert, zahlreiche Arten sind ausgestorben und andere sind hinzugekommen.

Fast alle Fossilfunde ausgestorbener Arten lassen sich zwanglos in das bestehende **System der Organismen** nach LINNÉ (siehe S. 86 f.) einordnen. Dabei gilt: Je älter die Fossilien, desto mehr unterscheiden sie sich in der Regel von den rezenten Arten.

In einigen Gruppen ist es möglich, die Fossilfunde in Reihen anzuordnen, in denen sich die Änderung von Merkmalen schrittweise verfolgen lässt. In den meisten Fällen ist der Bauplan der Tiere mit der Zeit spezialisierter und damit komplizierter geworden **(Progressionsreihe)**, aber auch das Gegenteil kann beobachtet werden (**Regressionsreihe** bei der Zurückbildung bestimmter Merkmale).

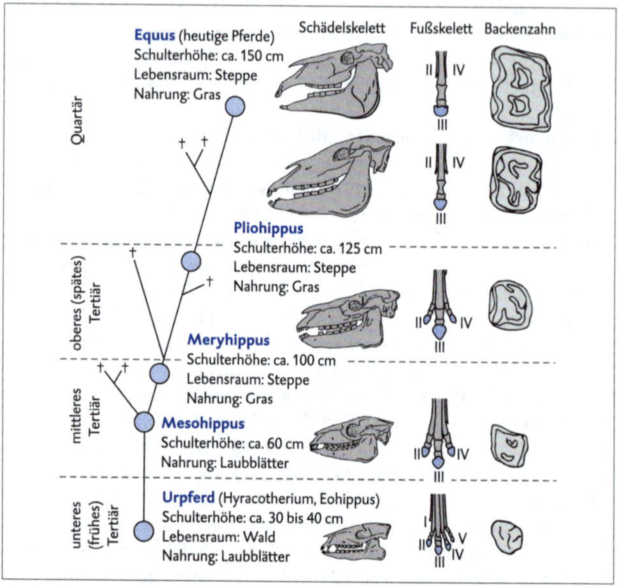

Vereinfachter Stammbaum der Pferde

Besonders der **Stammbaum der Pferde** ist durch Fossilfunde gut belegt. Über 50 Millionen Jahre entwickelte sich das heutige Pferd (Gattung *Equus*) durch die kontinuierliche Zunahme der Körpergröße, die Vergrößerung der Kauflächen der Backenzähne und die Zunahme der Schmelzkanten (Progressionsreihen) sowie die Verringerung der Zehenzahl (Regressionsreihe) aus dem Urpferd (Gattung *Eohippus*). Die allmählichen Veränderungen stellen Anpassungen an wechselnde Umweltbedingungen dar: Infolge des Übergangs des Lebensraums vom Wald zum Grasland bildeten sich durch die Wirkung von transformierender Selektion auf Mutationen beruhende Merkmale heraus, die im neuen Lebensraum vorteilhaft waren. Dazu zählen bessere Übersicht, schnellere Flucht, effektivere Zerkleinerung des Grases etc.

Auch bei den systematischen Großgruppen kann man eine entwicklungsgeschichtliche Abfolge erkennen. So traten z. B. die Wirbeltierklassen (Fische, Amphibien, Reptilien, Vögel, Säuger) nicht gleichzeitig auf, sondern sie gingen auseinander hervor. Paläontologische Beweise für diese Tatsache sind die sog. **Übergangsformen** (auch: **Brückentiere, Mosaikformen**), die die Merkmale einer stammesgeschichtlich älteren und einer jüngeren Gruppe in sich vereinen.
Bekanntestes Beispiel einer Mosaikform ist wohl der ***Archaeopteryx***. Die in der Fränkischen Alb gefundenen Versteinerungen dieses „Urvogels" zeigen, dass die Vögel aus den Reptilien (genauer: bestimmten Dinosaurierarten) hervorgegangen sind. Obwohl heute nicht mehr unumstritten ist, dass es sich bei *Archaeopteryx* um ein direktes Bindeglied zwischen Reptilien und Vögeln handelte, trug er dennoch Merkmale beider Gruppen.

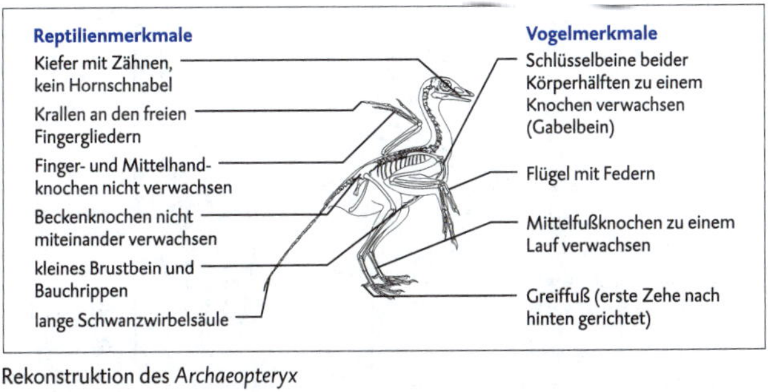

Rekonstruktion des *Archaeopteryx*

Heute noch existierende Brückentiere sind z. B. der **Quastenflosser** *Latimeria* (trägt Merkmale von Fischen und Amphibien) und das **Schnabeltier** (Brückentier zwischen Reptilien und Säugern). Man bezeichnet sie auch als **lebende Fossilien**, da sich ihr Körperbau seit Jahrmillionen kaum verändert hat (stabilisierende Selektion, siehe S. 91).

10.2 Anatomisch-morphologische Belege

Durch Vergleich der „Baupläne“ unterschiedlicher rezenter und fossiler Formen kann man Rückschlüsse auf Verwandtschaft und Abstammung ziehen. Ursache für einen ähnlichen anatomischen Bau ist oftmals die Abstammung von einem gemeinsamen Vorfahren **(Homologie)**. Ähnliche Strukturen können aber auch bei nicht näher verwandten Gruppen durch gleichen Selektionsdruck entstehen **(Analogie)**.

Homologie

Organe und Strukturen, die aufgrund eines gemeinsamen Ursprungs in Aufbau und Lage übereinstimmen, nennt man **homolog**. Die Ähnlichkeit homologer Organe bei verschiedenen Arten geht auf einen gemeinsamen Grundbauplan zurück, der in der DNA verankert ist. Da sie sich aber meist von dem gemeinsamen Vorfahren ausgehend bei den verschiedenen Arten in unterschiedliche Richtungen, also **divergent**, entwickelt haben, können homologe Organe abweichende Funktionen und/oder Gestalten haben.
Das bekannteste Beispiel ist der homologe Aufbau der fünfstrahligen Vorderextremitäten der Wirbeltiere, die durch Anpassung an spezifische Lebensweisen auf verschiedene Weise abgewandelt wurden.

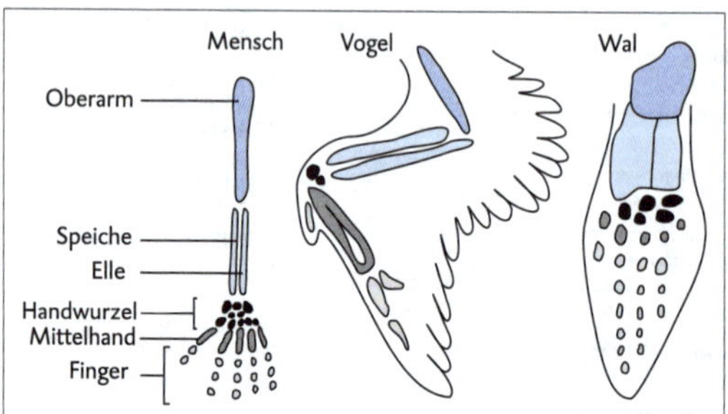

Beispiele für Wirbeltierextremitäten

Um Homologien auch bei derart stark abgewandelten Organen eindeutig identifizieren zu können, wendet man die **Homologiekriterien** an:

- **Kriterium der Lage:** Strukturen (z. B. Organe oder Körperteile) sind homolog, wenn sie oder ihre Einzelbestandteile im Gefüge (Bauplan) des Organismus die gleiche Lage einnehmen (z. B. die Mittelhandknochen der Vorderextremitäten der Wirbeltiere).
- **Kriterium der Stetigkeit:** Strukturen sind homolog, wenn sie über eine Reihe von Zwischenformen voneinander abgeleitet werden können (z. B. die einstrahligen Füße der Pferde von den fünfstrahligen Füßen ihrer Vorfahren, siehe S. 102).
- **Kriterium der spezifischen Qualität:** Strukturen sind homolog, wenn sie sich aus vergleichbaren Teilstrukturen zusammensetzen und in zahlreichen Einzelheiten übereinstimmen (z. B. Haifischschuppen und Säugetierzähne, die in vielen Strukturen und im Baumaterial übereinstimmen).

Konvergente Entwicklung – Analogie und Homoiologie

Analogien entstehen aufgrund des gleichen Selektionsdrucks in ähnlichen Lebensräumen: Organe und Strukturen, die einen unterschiedlichen Ursprung haben, nehmen durch **konvergente Entwicklung** (auch: **Konvergenz**) eine ähnliche Gestalt und Funktion an.

Als Angepasstheit an das Leben unter der Erde haben z. B. Maulwurf und Maulwurfsgrille ausgehend von völlig unterschiedlichen Grundstrukturen (Wirbeltierextremität und Insektenbein) ähnlich aussehende Grabschaufeln entwickelt.

Analoge Organe beruhen also nicht auf einem gemeinsamen Bauplan und geben daher keinen Hinweis auf stammesgeschichtliche Verwandtschaftsbeziehungen.

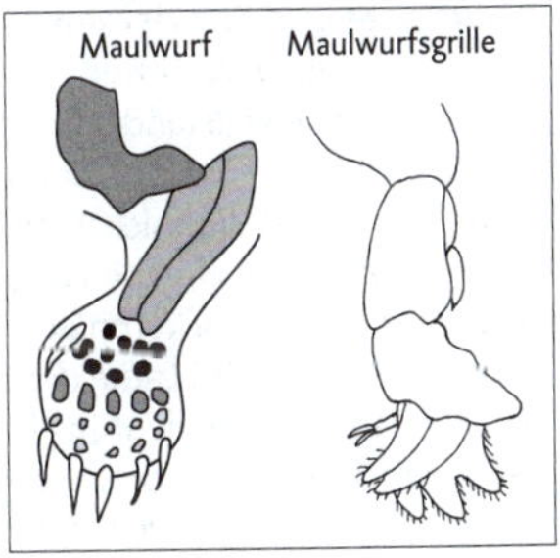

Analoge Extremitäten

Auch bei homologen Organen kann man unter Umständen eine konvergente Entwicklung beobachten: Wenn homologe Strukturen (z. B. die Vorderextremitäten von Vögeln und Fledermäusen) voneinander unabhängig die gleiche Angepasstheit ausbilden (Flügel mit unterschiedlichem Aufbau), spricht man auch von **Homoiologie**.

Phyllogenetische Systematik (Kladistik)

Die **phyllogenetische Systematik** hat das Ziel, alle Organismen in ein System einzuordnen, das auf dem **Grad ihrer Verwandtschaft** beruht. Die Verwandtschaftsverhältnisse werden dabei in sogenannten **Kladogrammen** dargestellt, innerhalb derer die Organismen in **Gruppen (Kladen, Taxa)** zusammengefasst sind. Innerhalb einer Klade werden nur solche Lebewesen gruppiert, die eine **Abstammungsgemeinschaft** bilden, die sich also auf eine gemeinsame **Stammart** zurückführen lassen, und ihre Stammart.

Als Beweis für gemeinsame Vorfahren gelten dabei nur sogenannte **Synapomorphien**. Dabei handelt es sich um **abgeleitete homologe Merkmale**, die nur bei dem gemeinsamen Vorfahren der Organismen einer Klade entstanden sind, z. B. die Wirbelsäule bei den Wirbeltieren.

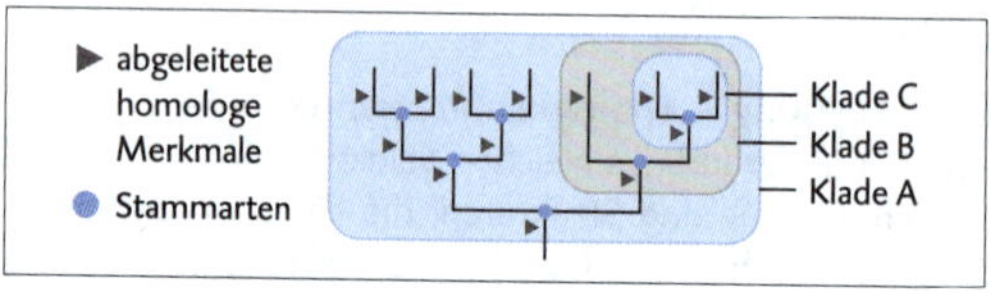

Beispiel für ein Kladogramm

Rudimente und Atavismen

Viele Arten zeigen **rudimentäre Organe**, d. h. unvollständig ausgebildete Strukturen ohne erkennbare Funktion. Sie stellen sichtbare „Überbleibsel" von Organen dar, die bei den Vorfahren komplett ausgebildet waren, im Laufe der Evolution aber ihre Bedeutung für die betreffende Art verloren haben. Als vollständig ausgebildete, aber unbenutzte Organe würden sie eine Belastung für die Lebewesen bedeuten, da sie (mindestens durch den überflüssigen Verbrauch von Ressourcen) die Fitness verringern würden. Durch Zurückbildung der Mittelhand- bzw. Mittelfußknochen beim Pferd (siehe S. 102) entstanden z. B. die rudimentären Griffelbeine.

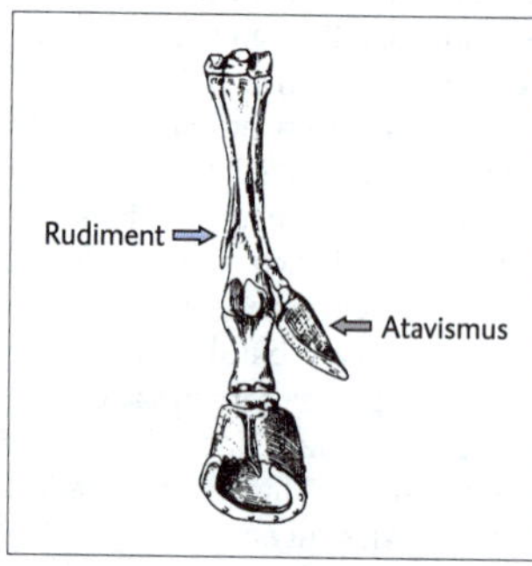

Rudimentäres Griffelbein (links) und atavistischer Huf (rechts) beim Pferd

Sehr selten treten Merkmale, die im Laufe der Stammesgeschichte zurückgebildet wurden, spontan bei einzelnen Individuen wieder auf. Diese Erscheinung nennt man **Atavismus**. Auch hier wird offensichtlich, dass die Information für die Ausbildung dieser Merkmale weiterhin im Genom der Art vorhanden ist, jedoch normalerweise nicht realisiert wird. Atavismen kommen vor, wenn die Blockade der entsprechenden Gene durch eine Mutation aufgehoben wurde.

10.3 Molekularbiologische Belege

Strukturvergleiche können auch auf der Ebene der Zellen bzw. der darin enthaltenen Makromoleküle (Proteine und DNA) Auskunft über die Verwandtschaft von Organismen geben.
Alle Zellen enthalten die gleichen oder zumindest ähnliche Grundstrukturen, u. a. die DNA zur Speicherung und zur Weitergabe der Erbinformationen. Je näher zwei Arten miteinander verwandt sind, desto größer ist meist die **Übereinstimmung in der Basensequenz** der DNA, denn erst nach der Abtrennung der Entwicklungslinie von einem gemeinsamen Vorfahren können sich die Sequenzen durch unterschiedliche Mutationen und Selektionsbedingungen auseinanderentwickeln.
Da die Informationen für die Bildung der Proteine in der DNA verschlüsselt sind, folgt daraus, dass die Primär- und folglich auch die Tertiärstruktur gleichartiger Proteine bei nahe verwandten Arten eine höhere Ähnlichkeit aufweisen muss als bei weniger eng verwandten.

Präzipitintest (Serodiagnostik)
Diese Methode der Verwandtschaftsbestimmung beruht auf der Ähnlichkeit der Tertiärstrukturen der Proteine im Blutserum verwandter Organismen. Das Serum eines Organismus (z. B. Mensch) wird nach einer Aufbereitung einem Versuchstier – meist einem Kaninchen – injiziert, das daraufhin Antikörper (siehe S. 69 f.) gegen die Fremdeiweiße bildet. Man entnimmt dem Kaninchen anschließend eine Serumprobe, die die neu gebildeten Antikörper enthält. Gibt man diese Probe zum Blutserum eines Menschen, so verklumpen **(präzipitieren)** die darin enthaltenen Eiweiße. Dieser Wert wird als 100 %ige Ausfällung festgesetzt.
Nun beginnt der eigentliche **Präzipitintest:** In Proben des Blutserums verschiedener Testorganismen präzipitieren nach Zugabe des Antikörperserums alle Proteine, die eine Übereinstimmung mit den menschlichen Eiweißen aufweisen. Je stärker die Ausfällung, desto größer sind

also die Gemeinsamkeiten in der Proteinausstattung und desto enger ist damit die Verwandtschaft. Die Antikörper „erkennen“ dabei Antigenstrukturen in der Tertiärstruktur der Proteine, die durch die Primärstruktur (Aminosäuresequenz) bestimmt wird. Diese wiederum ist abhängig von der Basensequenz der DNA. Letztlich ist also die Übereinstimmung in der Tertiärstruktur der Proteine auf eine Ähnlichkeit in der Erbinformation zurückzuführen (s. o.).

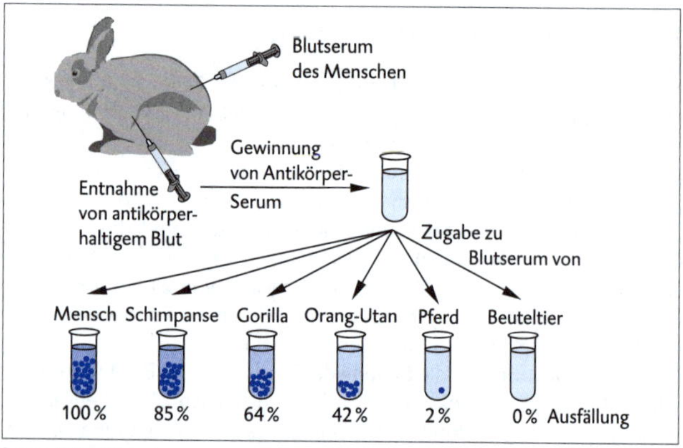

Serum-Präzipitintest

Aminosäuresequenzanalyse

Genauere Werte als der Vergleich von Tertiärstrukturen mehrerer Proteine im Präzipitintest liefert die Bestimmung der Primärstruktur ein und desselben Proteins bei verschiedenen Organismen. Die Ermittlung der **Aminosäuresequenz** erfolgt dabei in speziellen Apparaten, indem vom NH_2-Ende der Aminosäurekette des zu untersuchenden Proteins her immer eine Aminosäure abgespalten und bestimmt wird.

Für diese Methode sind Proteine geeignet, die bei den zu testenden Organismen eine wichtige Funktion im Stoffwechsel wahrnehmen, wie z. B. Cytochrom c (Bestandteil der Atmungskette), Hämoglobin (Sauerstoff bindender Proteinkomplex in den roten Blutkörperchen) oder Insulin (Hormon der Bauchspeicheldrüse). Diese Voraussetzung ist wichtig, da man davon ausgehen kann, dass die Primärstruktur dieser Proteine nur sehr begrenzt variiert, damit deren Funktionsfähigkeit erhalten

bleibt. Die relativ wenigen möglichen Veränderungen können so als aussagekräftiger Nachweis von Verwandtschaft genutzt werden. Dabei gilt, dass die Anzahl der durch Punktmutationen bedingten Veränderungen eine Aussage über die Zeit zulässt, die seit der Entwicklung der Arten aus gemeinsamen Vorfahren vergangen ist.
Basierend auf den Abweichungen der Aminosäuresequenzen voneinander kann man **Stammbäume** der untersuchten Organismen aufstellen.

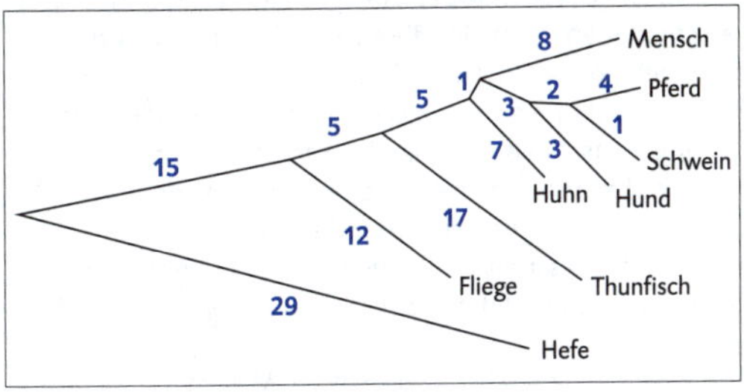

Cytochrom-c-Stammbaum nach Anzahl der abweichenden Aminosäuren

Gensequenzierung
Mit den modernen Mitteln der **DNA-Sequenzierung** (siehe S. 50 ff.) wird auch der direkte Vergleich der Erbinformation unterschiedlicher Organismen möglich. Durch Punktmutationen hervorgerufene Veränderungen in der Nukleotidsequenz geben dabei Hinweise auf die Verwandtschaft der Organismen. Je nachdem, welche Gruppe von Organismen näher betrachtet werden soll, verwendet man für den Vergleich unterschiedliche Abschnitte der DNA:
Zum Vergleich größerer Gruppen bieten sich universell in diesen Gruppen vorkommende Gene an, also Abschnitte der DNA, deren Genprodukte eine wichtige Funktion im Stoffwechsel übernehmen. Die Gensequenzen sind hier relativ gut konserviert, und die wenigen Abweichungen können zur „Sortierung" der systematischen Großgruppen in einem Stammbaum verwendet werden.
Sollen sehr nah verwandte Gruppen oder sogar einzelne Individuen miteinander verglichen werden, wählt man weniger gut konservierte Abschnitte der DNA, die sich in nichtcodierenden Bereichen befinden. Diese können mehr oder weniger „frei" mutieren, da sie keinerlei Selektionsdruck unterliegen. Die Basensequenzen zeigen also eine größere Variabilität und dadurch wird eine feinere Unterscheidung möglich. Auf diesem Prinzip beruht auch der genetische Fingerabdruck (siehe S. 56 f.).

DNA-Hybridisierung

Bei diesem Verfahren wird getestet, wie fest sich DNA-Einzelstränge von Organismen verschiedener Arten zu einem Doppelstrang zusammenschließen (hybridisieren) können. Die Gesamt-DNA zweier Spezies wird dazu aus den Zellen isoliert und zusammengebracht. Anschließend werden die Doppelstränge bei ca. 90 °C in Einzelstränge aufgetrennt. Beim Abkühlen der Probe bilden sich neben den „normalen" Doppelsträngen auch **Hybrid-DNA-Doppelstränge** zwischen den Einzelsträngen der verschiedenen Arten. Je näher zwei Arten miteinander verwandt sind, desto mehr komplementäre Basenpaarungen sind zwischen den verschiedenen Einzelsträngen möglich. Erwärmt man die entstandenen Doppelstränge anschließend wieder, erfolgt die erneute Trennung in Einzelstränge bei umso höherer Temperatur, je mehr komplementäre Basenpaarungen insgesamt zustande gekommen sind. Eine hohe Schmelztemperatur lässt also auf eine hohe Übereinstimmung in der Basensequenz schließen und damit auf eine nahe Verwandtschaft.

DNA-Hybride	Mensch x Mensch	Mensch x Schimpanse	Mensch x Gorilla	Mensch x Orang-Utan	Mensch x Gibbon
Schmelztemperatur	88,2 °C	86,4 °C	85,8 °C	84,6 °C	83 °C

Ergebnis von Hybridisierungsexperimenten mit der DNA von Menschen und Affen

10.4 Ethologische Belege

Auch die Verhaltensbiologie kann zur Aufklärung von Evolutionsvorgängen beitragen. Angeborene, d. h. genetisch bedingte Verhaltensweisen (siehe S. 123 ff.) werden wie anatomische Merkmale an die Nachkommen vererbt. Verhaltensweisen von Tieren verschiedener Arten, die auf denselben genetischen Ursprung zurückzuführen sind, bezeichnet man daher ebenfalls als **homolog**. Arttypische Abwandlungen der verschiedenen Verhaltensweisen vom gemeinsamen Grundmuster sind wie die Abweichungen in Körperstrukturen auf Mutationen zurückzuführen.
Stellt man **Ethogramme** (siehe S. 122) von homologem Verhalten bei ähnlichen Arten auf, kann man aus den Abweichungen einzelner Elemente die Verwandtschaftsbeziehungen ermitteln. Je stärker die homologen Verhaltensweisen übereinstimmen, desto näher sind die betreffenden Arten stammesgeschichtlich miteinander verwandt.

11 Entwicklung des Lebens auf der Erde

Alle lebenden Organismen sind aus Zellen aufgebaut, die in vielen Strukturen und Stoffwechselabläufen übereinstimmen. Selbst so unterschiedliche Lebewesen wie Bakterien und der Mensch speichern ihre Erbinformation in der DNA und benutzen weitestgehend den gleichen genetischen Code zur Übersetzung dieser Information in Proteine. Da derartig komplexe Systeme in der Evolution sicher nicht mehrfach unabhängig voneinander entstanden sind, handelt es sich bei allen Lebewesen sehr wahrscheinlich um die Nachfahren einer einzigen **„Urzelle“**. Nach der Bildung einer festen Erdkruste vor etwa 4,6 Milliarden Jahren dauerte es allerdings noch rund 1–1,5 Milliarden Jahre bis zum Erscheinen dieser ersten Zelle.
Trotz vieler Differenzen in den einzelnen Theorien sind sich die meisten Wissenschaftler darüber einig, dass die Mechanismen der Evolution bereits beim Übergang von unbelebter zu belebter Materie wirksam waren.

11.1 Chemische Evolution

Der erste Schritt auf dem Weg zur Entstehung des Lebens war die **Bildung von organischen Molekülen** aus anorganischen Verbindungen. Auf der **„Urerde“** existierten die Grundelemente der organischen Moleküle (hauptsächlich C, O, H, N, S, P) z. B. in Verbindungen wie Methan (CH_4), Wasserstoff (H_2), Wasser (H_2O), Ammoniak (NH_3), Schwefelwasserstoff (H_2S) und verschiedenen sauerstofffreien Phosphorverbindungen.
Die ursprüngliche Erdatmosphäre, die **„Uratmosphäre“**, besaß einen reduzierenden Charakter, da kein freier Sauerstoff existierte, und war zudem gekennzeichnet durch die starke Einwirkung von energiereicher Strahlung (UV, radioaktiv, kosmisch) und vielen elektrischen Entladungen. Charakteristisch für die Erde war und ist außerdem ihr hoher Wasseranteil.
Wie MILLER und UREY um 1953 in einem Experiment zeigten, konnten unter diesen Voraussetzungen spontan einfache organische Moleküle wie Aminosäuren, Zucker und Essigsäure entstehen und sich in den Urozeanen anreichern. In ähnlichen Experimenten konnten in der simulierten **„Ursuppe“** auch strukturell komplexe Verbindungen wie beispielsweise Nukleotide nachgewiesen werden.

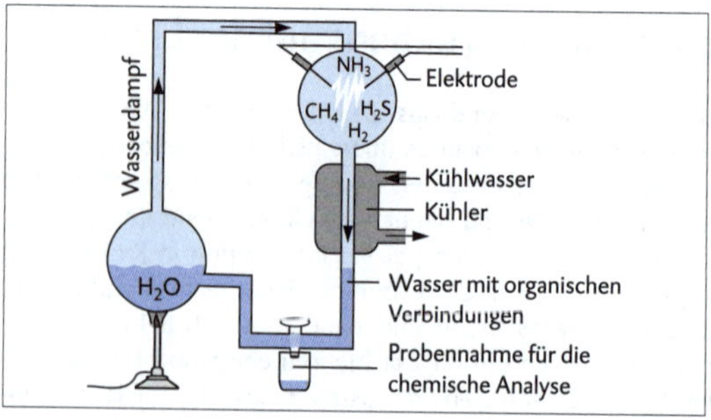

MILLER-Experiment

Die gebildeten organischen Moleküle waren in der Lage, sich spontan zu Makromolekülen wie Polysacchariden, RNA-Strängen und proteinartigen Strukturen **(Proteinoiden)** zusammenzulagern. Es ist wahrscheinlich, dass sich die Proteinoide zu einfachen bläschenförmigen Strukturen, den **Mikrosphären**, verbanden. Diese Abgrenzung von der umgebenden Ursuppe schuf Reaktionsräume, in denen sich verschiedenste organische Moleküle konzentrieren konnten. Die semipermeable Hülle ermöglichte einen Stoffaustausch mit der Umgebung.

Einige der entstandenen Makromoleküle hatten die Fähigkeit zur **Reproduktion**. Auch in heute lebenden Zellen existieren gefaltete RNA-Moleküle mit katalytischer Wirkung, die **Ribozyme**. Diese können andere Nukleinsäuren spezifisch spalten oder synthetisieren. Es ist daher denkbar, dass Ribozyme in der Entstehungszeit des Lebens ihre eigene Struktur reproduzieren konnten. Auch einige der vorliegenden einfachen **Proteinketten** könnten sich durch Autokatalyse selbst reproduziert haben. Andere zufällig entstandene Makromoleküle zeigten diese Eigenschaft nicht und lösten sich wieder auf (Selektion).
Wenn man von einer Reproduktion der Proteine und Nukleinsäuren ausgehen kann, so ist es wahrscheinlich, dass sich bei der katalytischen Synthese zyklische Abläufe entwickelten: Ein Ursprungs-Ribozym bzw. ein Ursprungs-Protein katalysierte die Bildung eines zweiten, das zweite das eines dritten usw., bis wieder das erste gebildet wurde. Eine Konkurrenzsituation um freie Bausteine wurde so vermieden, allerdings blieb das System durch die Verkettung einzelner Makromoleküle instabil: Fiel nur ein Element aus, so gingen alle Moleküle verloren.

Die Theorie des **Hyperzyklus** vereint beide Makromoleküle in einem Zyklus, in dem RNA-Moleküle die Bildung spezifischer Proteine steuern und umgekehrt. Ein solches Zusammenwirken bot Vorteile für die Sicherheit des Kreislaufs, der sich zudem durch Rückkopplungen verstärkte.

In diesem System wirkten nun **evolutive Prozesse:** Diejenigen Hypersysteme, deren Zyklen am besten organisiert waren und deren katalytische Prozesse am effektivsten abliefen, konnten die in der Ursuppe immer knapper werdenden Nukleotide und Aminosäuren zur Reproduktion nutzen. Einzelne Teilbereiche mussten dabei veränderbar sein, ohne das Gesamtsystem zu gefährden.

Systematisch übernahmen die Proteine auch **strukturbildende** Aufgaben, z. B. im Bereich der Abgrenzung zur Außenwelt (Bildung von Membranen), und wirkten als **Enzyme** des Stoffwechsels. Der Stoffwechsel sicherte die kontinuierliche Bereitstellung von Nukleotiden und Aminosäuren und später deren Synthese aus anderen Stoffen. Die Struktur der Proteine blieb in der spezifischen Nukleotidsequenz gespeichert, und spezialisierte Enzyme sorgten für deren Vervielfältigung (Replikationsenzyme) und die Proteinsynthese selbst.

11.2 Anfänge der biologischen Evolution

Evolution des Stoffwechsels

Die wahrscheinlich aus einem mikrosphärenähnlichen System entstandene Urzelle war zunächst prozytisch organisiert (siehe (1) S. 3 f.). Diese Ur-**Prokaryoten** waren auf die Zufuhr der von ihnen benötigten Stoffe aus der Umgebung angewiesen, die sie in anaeroben Abbauprozessen (Gärung) zur Energiegewinnung nutzten. Sie waren also heterotroph. Der Selektionsdruck durch den infolgedessen entstehenden zunehmenden Mangel an organischen Verbindungen in der Ursuppe führte zur Bildung von autotrophen Formen, die zunächst anaerob die vorhandenen anorganischen Stoffe durch **Chemosynthese** assimilieren konnten. Vor etwa 3 Milliarden Jahren entwickelten sich Zellen, die in der Lage waren, **Fotosynthese** zu betreiben, also Licht als Energiequelle der Assimilation zu nutzen (siehe (1) S. 29 ff.). Der dadurch in großen Mengen entstandene und für die meisten damaligen Organismen giftige Sauerstoff erhöhte den Selektionsdruck in Richtung der **aeroben Dissimilation** und der Bildung sauerstoffresistenter Strukturen.

Nach der Endosymbiontentheorie (siehe (1) S. 5 f.) kam es vor etwa 1,8 Milliarden Jahren zur Bildung der ersten einzelligen **Eukaryoten**. Deren euzytische Zellorganisation bot die Möglichkeit zur Entwicklung von Organismen mit vielen **differenzierten, arbeitsteiligen Zellen**. Die Aufspaltung in die heute noch existierenden Reiche der eukaryotischen Organismen (Pilze, Pflanzen und Tiere) hatte damit begonnen.

Evolution der Vielzelligkeit

Neben Einzellern gibt es bei den Eukaryoten eine Vielzahl an **vielzelligen Lebewesen**. Die Vielzelligkeit ist dabei vermutlich mehrmals unabhängig voneinander in Zellkolonien entstanden, bei denen die Zellen nach der Teilung aneinander haften blieben.

Die Vielzelligkeit bietet gegenüber der Einzelligkeit entscheidende **Selektionsvorteile:**

- Durch die damit verbundene Größenzunahme ergeben sich unter anderem eine erhöhte Unempfindlichkeit gegen schädliche Umwelteinflüsse und ein besserer Schutz vor Fressfeinden.
- Die Vielzelligkeit ermöglicht die Arbeitsteilung innerhalb des Organismus und damit die Spezialisierung von Zellen auf bestimmte Aufgaben, die sie effizient erledigen.

Als **Nachteile** sind beispielsweise zu nennen, dass keine eigenständige Fortpflanzung der Einzelzellen mehr möglich ist und dass neben den potenziell unsterblichen Keimzellen auch Körperzellen entstehen, die nach einer bestimmten Lebenszeit absterben.

12 Evolution des Menschen

Der Vergleich von Merkmalen des **Menschen** mit denen von bestimmten Fossilien und heute lebenden Affen zeigt, dass sich der Mensch problemlos in das natürliche System der Organismen einordnen lässt. In der Gruppe der Säugetiere bildet er zusammen mit den Affen und Halbaffen die Ordnung der **Primaten**. Mit seinen engsten noch lebenden Verwandten, den Schimpansen, sowie den Gorillas und den Orang-Utans wird der Mensch in die Familie der **Menschenaffen** gestellt.

12.1 Der Mensch ist ein Primat

Die enge Verwandtschaft zwischen dem Menschen und den übrigen Menschenaffen lässt sich an vielen Gemeinsamkeiten aufzeigen. Die großen **Ähnlichkeiten im Körperbau** (siehe unten) sind dabei auf die gemeinsame Entwicklungsgeschichte der Primaten zurückzuführen: Die Besiedlung des Lebensraums „Baum“ durch ursprünglich bodenbewohnende Insektenfresser erforderte besondere Anpassungen, die auch heute noch bei allen Primaten sichtbar sind.
Nach paläontologischen Befunden existierten bereits vor ca. 30 Millionen Jahren spitzhörnchenähnliche Vorfahren der echten Affen. Diese Waldbewohner besaßen vergrößerte und nach vorn verlagerte Augen, die zum **räumlichen Sehen** befähigten. Im neuen „dreidimensionalen“ Lebensraum Baum verbesserte dies die Fähigkeit zum Abschätzen von Entfernungen und zur geschickten Koordination der Handbewegungen. Durch die **Volumenzunahme des Großhirns** im Verlauf der Primatenevolution und die vermehrten Faltungen seiner Rinde wurden komplexere Denkprozesse möglich. Diese Anpassung erlaubte die bessere Kontrolle der Fortbewegung im komplizierten Geäst der Bäume. Die Evolution von **Greifhänden und -füßen** machte das Klettern einfacher und ermöglichte außerdem die Handhabung von Werkzeugen. Dazu können der Daumen und die große Zehe der Hand- bzw. Fußfläche zumindest ansatzweise gegenübergestellt **(opponiert)** werden.
Die enge Verwandtschaft zwischen Menschen und Menschenaffen lässt sich auch durch den Vergleich der **Karyogramme** (siehe S. 9) belegen: Alle Chromosomen der Menschenaffen stimmen in der Feinstruktur mit den menschlichen Chromosomen überein.

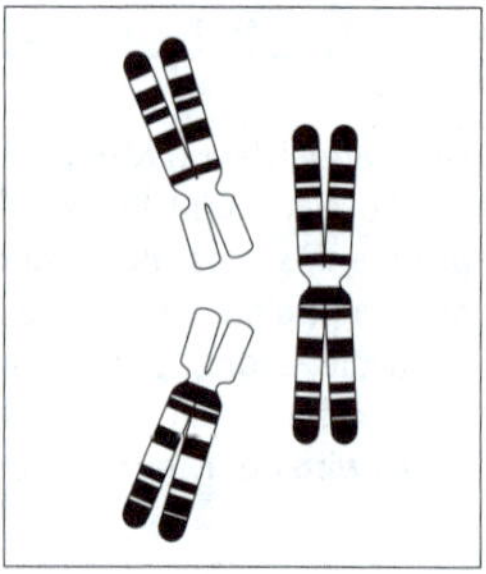

Einander entsprechende Chromosomen des Schimpansen (links) und des Menschen (rechts; Chromosom Nr. 2)

Die geringere Zahl der Chromosomen beim Menschen (46 statt 48 bei allen übrigen Menschenaffen) entstand vermutlich durch die Verschmelzung zweier kleiner Chromosomen nach der Abtrennung der Entwicklungslinie des Menschen.
Auch serologische Untersuchungen wie der **Präzipitintest** (siehe S. 107 f.), die **DNA-Hybridisierung** (siehe S. 110) sowie ein **Gesamt-DNA-Vergleich** (99 % Übereinstimmung) weisen darauf hin, dass der Mensch am nächsten mit den Schimpansen verwandt ist. Weiterhin ist die Aminosäuresequenz einiger wichtiger Proteine wie beispielsweise die des Hämoglobins bei Mensch und allen Menschenaffen nur an wenigen Stellen unterschiedlich. Im Fall des Cytochrom c ist sie bei Mensch und Schimpanse völlig identisch.

12.2 Die Sonderstellung des Menschen

Es gibt jedoch auch zweifellos einige Unterschiede zwischen den Menschen und den nichtmenschlichen Menschenaffen. Die körperlichen und geistigen Unterschiede zwischen dem Menschen und seinen nächsten Verwandten ergeben sich dabei zum Großteil aus dem **aufrechten Gang** des Menschen.

Anatomische Unterschiede Mensch – übrige Menschenaffen

Der Mensch hat eine **doppelt S-förmige Wirbelsäule**, durch die beim aufrechten Gang Rumpf und Kopf effektiv abgefedert werden. Außerdem ergibt sich dadurch eine Verlagerung des Körperschwerpunktes über die Stützfläche der Füße. Die übrigen Menschenaffen haben dagegen eine gerade oder einfach gebogene Wirbelsäule.
Das **Becken** des Menschen ist nicht lang und schmal wie das der übrigen Menschenaffen, sondern breit und schüsselförmig. Dadurch kann es die Eingeweide beim aufrechten Gang optimal tragen.
Die menschlichen **Beine** sind gegenüber denen der anderen Menschenaffen verlängert und durchgestreckt. Sie können damit den Körper über lange Strecken hinweg komplett tragen und verringern den

Kraftaufwand beim aufrechten Laufen. Der Fuß ist gewölbt und die große Zehe ist nicht mehr opponierbar. Der Greiffuß hat sich damit in einen **Lauffuß** umgewandelt.
Da die Arme und vor allem die **Hände** beim Menschen für die Fortbewegung nicht mehr benötigt werden, sind sie nun „frei" für andere Aufgaben. Die Hand mit dem vergleichsweise langen und vollständig **opponierbaren Daumen** wird zum idealen Greiforgan.
Das **Hinterhauptsloch des Schädels**, die Eintrittsstelle des Rückenmarks und der Auflagepunkt des Schädels auf der Wirbelsäule, ist beim Menschen gegenüber den anderen Menschenaffen nach vorne verschoben. Durch die zentrale Auflage des Schädels balanciert dieser im Schwerpunkt auf der Wirbelsäule, sodass weniger Kraft benötigt wird, um den Schädel aufrecht zu halten.

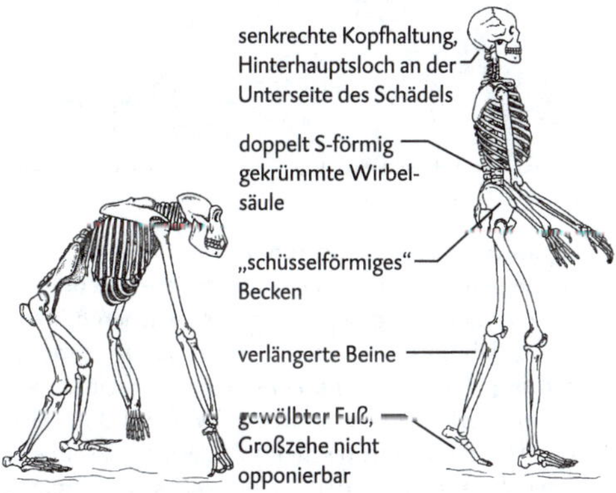

Anpassungen an den aufrechten Gang

Deutliche Unterschiede gibt es auch zwischen dem **Schädel** der Menschen und der nichtmenschlichen Menschenaffen: Der Hirnschädel des Menschen ist hoch aufgewölbt, wodurch eine Vergrößerung des Gehirnvolumens ermöglicht wird. Durch die Verlagerung von Ober- und Unterkiefer unter den Hirnschädel **(Rückbildung der Schnauzenpartie)** wird die Balance des Schädels auf der Wirbelsäule verbessert.
Nach der Verlagerung des Oberkiefers unter den Hirnschädel ist die Verstärkung des Schädels durch **Überaugenwülste** zum Abfangen des

Kaudrucks nicht mehr nötig. Gleichzeitig wird durch die Verkleinerung des Oberkiefers der Platz für die Backenzähne deutlich verringert. Daher sind die **Backenzähne** des Menschen nicht wie die der übrigen Menschenaffen U-förmig, sondern in einer **Parabelform** angeordnet. Die Eckzähne des Menschen sind gegenüber denen der anderen Menschenaffen sehr klein, sodass die sog. **Affenlücke** zwischen den Schneide- und Eckzähnen (auch im Unterkiefer) wegfallen kann.
Aufgrund der Verlagerung des Unterkiefers des Menschen entfällt dort auch die sog. **Affenplatte**, da sie zu viel Platz beanspruchen würde. Stattdessen bildet das nun **vorspringende Kinn** eine Knochenleiste, die gegen die Wirkung der Scherkräfte beim Kauen stabilisiert.

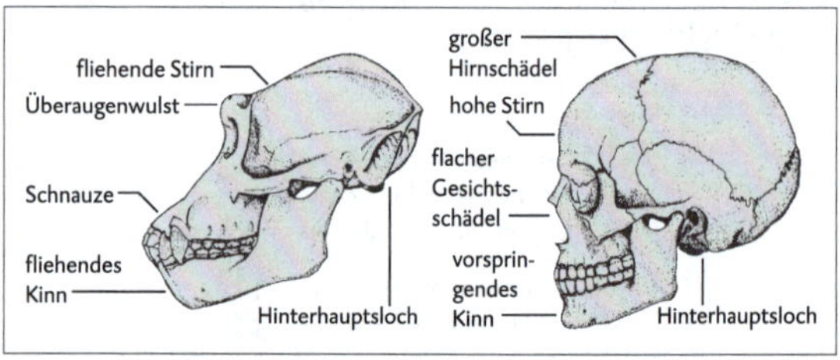

Schädel von Schimpanse und Mensch

Entwicklung zum heutigen Menschen

Aus Fossilfunden geht hervor, dass die stammesgeschichtliche Entwicklungslinie, die zur Entstehung der heutigen Menschen führte, vor etwa 7 bis 5 Millionen Jahren begann. Das Schlüsselereignis, durch das die **Menschwerdung (Anthropogenese, Hominisation)** angestoßen wurde, war wahrscheinlich wiederum ein Wechsel des Lebensraums: Die ersten Formen, die von tropischen Wäldern zu Savannen, also von den Bäumen wieder zurück auf den Boden wechselten, brachten die für sie vorteilhaften Anpassungen an den Lebensraum „Baum“ mit (**Präadaptationen**, siehe S. 92). Schon die ersten Savannenbewohner waren in der Lage, ständig oder vorwiegend aufrecht auf zwei Beinen zu laufen. Sie hatten außerdem sehr leistungsfähige Augen und Greifhände. Im Verlauf der weiteren Entwicklung kam es allmählich zur weiteren Vergrößerung des Gehirns, zur Abflachung des Gesichtsschädels, zur Reduktion der Überaugenwülste und zur Zunahme der geistigen Fähigkeiten sowie der handwerklichen Geschicklichkeit. Die Entwicklung vom „Tier zum Menschen“ geschah dabei nicht plötzlich, sondern während eines langen Zeitraums, der manchmal als **Tier-Mensch-Übergangs-**

feld (= TMÜ) bezeichnet wird. Zu den sog. Vormenschen gehört u.a. der *Australopithecus afarensis* („Lucy"), dessen Schädel viele Merkmale der nichtmenschlichen Menschenaffen trägt, der in Rumpf und Gliedmaßen aber bereits dem Menschen ähnelt.

Als Kriterium für die **Definition des Menschen** (Gattung *Homo*) wird heute die Fähigkeit zur **Herstellung von Werkzeugen** angesehen, verbunden mit einem ständig aufrechten Gang. Die ersten Vertreter der Gattung Homo waren der *H. rudolfensis* und der *H. habilis*. Sie konnten bereits einfache Steinwerkzeuge herstellen. Vor ca. 2 Mio. Jahren entwickelte sich der *H. erectus*, der sich von Afrika aus in Europa und Asien verbreitete. Sein größeres Hirnvolumen befähigte diesen Frühmenschen zum Feuergebrauch und zur Herstellung von Faustkeilen. Wie sich aus *H. erectus* der *H. sapiens* entwickelt hat, wird unter Experten kontrovers diskutiert.

Der Neandertaler *(H. neanderthalensis*; Fundort Neandertal bei Düsseldorf) war in Europa und Vorderasien verbreitet und entsprach in vielen Merkmalen dem heutigen Menschen. Jedoch war die Form seines Schädels archaischer (mit Überaugenwülsten und fliehendem Kinn) und er hatte einen kräftigeren, gedrungenen Körperbau. Als Vorfahre des *H. sapiens* kommt der Neandertaler nicht infrage, da er mehrere Tausend Jahre zusammen mit *H. sapiens* im gleichen Verbreitungsgebiet lebte.

Viele Experten gehen inzwischen davon aus, dass der Neandertaler eine eigene Art und keine Unterart des *H. sapiens* darstellt. Allerdings gilt inzwischen als wahrscheinlich, dass es vor dem Aussterben des Neandertalers vor ca. 30 000 Jahren in gewissem Umfang zum Genaustausch zwischen ihm und *H. sapiens* kam. Folglich wäre der biologische Artbegriff (siehe S. 86) hier streng genommen nicht anwendbar.

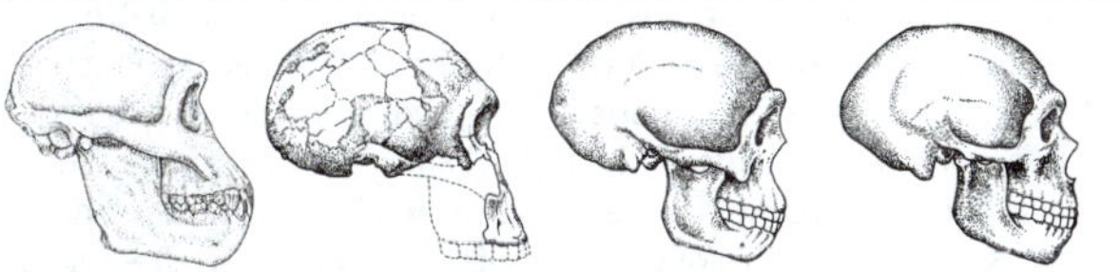

A. afarensis (ca. 3,8–2,9 Mio.) — *H. habilis* (ca. 2,1–1,5 Mio.) — *H. erectus* (ca. 1,8–0,3 Mio.) — *H. neanderthalensis* (ca. 200 000–30 000)

Schädel verschiedener fossiler Menschenformen

Alle heute auf der Erde lebenden „modernen“ Menschen gehören zur Art *H. sapiens*, die das erste Mal vor etwa 150 000 Jahren auftrat. Zur Herkunft des *H. sapiens* gibt es zwei Theorien:

- Nach der sog. **multiregionalen Theorie** entwickelte sich der *H. sapiens* überall auf der Erde aus *H.-erectus*-Formen. Wanderungen führten dann zum sehr einheitlichen Genpool der heutigen Menschheit.
- Die Art entwickelte sich in Afrika aus *H. erectus*, breitete sich von dort aus in mehreren Schüben auf die gesamte Erde aus und verdrängte die *H.-erectus*-Formen.
  Diese **Out-of-Africa-Theorie** wird heute aufgrund vieler molekularbiologischer Befunde als hoch wahrscheinlich angesehen. Besonders die nur in wenigen Formen auftretende, über die Eizellen weitergegebene **mitochondriale DNA (mtDNA)** legt die Vermutung nahe, dass die heutige Menschheit einen einzigen Ursprung hat („Eva-Hypothese“).

Kulturelle Evolution

Die Entwicklungsgeschichte des Menschen stellt insofern eine Besonderheit dar, als sich in ihr **biologische** und **kulturelle Evolution** miteinander verbinden. Die starke Zunahme des Hirnvolumens und die daraus resultierende wachsende Intelligenz ermöglichten dem Menschen als einzigem Lebewesen auf der Erde die Erfindung und Ansammlung von Kulturgütern. Die geistigen Voraussetzungen sowie die anatomischen Veränderungen im Bereich des Kehlkopfes führten auch zur Entwicklung einer **Lautsprache**, die die detaillierte Weitergabe erworbener Kenntnisse möglich macht. Kulturelle Fortschritte wie der Werkzeug- und Waffengebrauch, Bekleidung oder Kommunikation durch Sprache beeinflussten die Entwicklung des Menschen viel stärker, als der Selektionsdruck der Umweltfaktoren es allein vermocht hätte.
Biologische und kulturelle Evolution erfolgen nach ähnlichen Prinzipien. In beiden Fällen geht es um Speicherung, Weitergabe und Änderung von Information. Die kulturelle Evolution läuft allerdings sehr viel schneller ab als die biologische, da hierbei auch **erworbene Eigenschaften** (Ideen, Kenntnisse, Fähigkeiten) mithilfe der Sprache weitergegeben werden können. Vorteilhafte Neuerungen bleiben so erhalten und werden zum **Kulturgut** einer Gruppe.

Verhalten

13 Problemstellungen und Methoden der Verhaltensbiologie

Verhalten ist die Gesamtheit aller **Aktionen** und **Reaktionen** tierischer und menschlicher Organismen. Dazu gehören u. a. Bewegungen, Körperhaltungen, Mimik und Gestik sowie Lautbildungen. Solche Lebensäußerungen besitzen in der Regel elementare Funktionen wie z. B. Nahrungssuche und Kommunikation (z. B. Warnung).
Das Gesamtverhalten lässt sich in größere Verhaltenskomplexe oder **Funktionskreise** (z. B. Fortpflanzungsverhalten) einteilen, die wiederum aus unterschiedlich stark miteinander verschränkten **Verhaltensweisen** (z. B. Balzverhalten) bestehen. Diese äußern sich in einzelnen charakteristischen **Handlungen** (z. B. Brüllen).

Die **Verhaltensbiologie** oder **Ethologie** ist eine Teildisziplin der Biologie, die die klassische vergleichende Verhaltensforschung durch interdisziplinäre Ansätze und Spezialisierung erweitert hat.
Die Ermittlung der Elemente des genetisch programmierten Verhaltens im Vergleich zu dem im Laufe der Individualentwicklung erworbenen Verhalten ist eines der bedeutendsten Ziele der modernen Ethologie. Beide Verhaltensformen treten jedoch nur selten in reiner Form auf und sind besonders bei komplexen Verhaltensweisen stark miteinander verschränkt. Darüber hinaus beschäftigt sich die Verhaltensbiologie unter anderem mit folgenden Problemstellungen:

- Wechselwirkungen zwischen Physiologie und Verhalten
- Einfluss von Verhalten auf die Fitness (siehe S. 89 f.) bzw. auf die Evolution (siehe S. 86 ff.) einer Art
- Veränderung des Verhaltens während der Individualentwicklung
- Spezifik menschlichen Verhaltens
- Optimierung von Haltungsbedingungen bei Nutztieren (Gedrängefaktor, Individualabstände, intraspezifisches Verhalten, Revierverhalten, Brunftverhalten)

Zur Klärung dieser Fragen bezieht die Ethologie neben der Beobachtung von Verhalten auch Erkenntnisse aus anderen Teilbereichen der Biologie mit ein, z. B:

- **Neurobiologie:** neurophysiologische Grundlagenforschungen (an Verhalten und Lernprozessen beteiligte Abschnitte des Nervensystems, Gedächtnis usw.)
- **Genetik:** Suche nach verhaltenssteuernden Genen durch Kreuzungsexperimente oder gezieltes Ausschalten von Genen
- **Endokrinologie:** Erforschung der Wirkung von Hormonen auf die Steuerung des Verhaltens
- **Ökologie:** Untersuchung der Wirkung von Umweltbedingungen (Verhaltensökologie)

Die Hauptmethode ist jedoch weiterhin das Beobachten und Registrieren des Verhaltens und die Erarbeitung von **Ethogrammen**, d. h. gegliederten Beobachtungsprotokollen. Die Untersuchung artspezifischer Verhaltensweisen erfolgt unter natürlichen oder künstlichen, teilweise experimentell veränderten Bedingungen, z. B.:

- In **Freilandversuchen** kann die Gesamtheit der natürlichen Verhaltensweisen einer Tierart erfasst werden. Hierbei wird auch die Funktion sichtbar, die ein bestimmtes Verhalten im Leben des Tieres hat.
- In **Laborversuchen** dagegen können einzelne Verhaltensweisen genauer analysiert werden. Durch gezielt herbeigeführte experimentelle Bedingungen ist es möglich, die Auslöser eines Verhaltens sowie dessen Abläufe und gegebenenfalls Lernprozesse zu verfolgen. Allerdings kann das Verhalten der unter unnatürlichen Bedingungen gehaltenen Tiere von ihrem natürlichen Verhalten abweichen.
- **Isolierungsversuche** (Kaspar-Hauser-Experimente) sind geeignet, um angeborene, genetisch fixierte Verhaltensweisen zu erkennen: Tiere, die isoliert von ihren Artgenossen aufwachsen, können nur Verhaltensweisen zeigen, die ihnen angeboren sind, d. h., die sie nicht erst durch Nachahmung erlernen müssen. Eine Beeinflussung des Verhaltens der Tiere durch die extremen experimentellen Bedingungen ist hierbei aber sehr wahrscheinlich. Wird ein bestimmtes Verhalten nicht gezeigt, können keine Rückschlüsse daraus gezogen werden, da das Ausbleiben des Verhaltens auch auf die andauernde Isolation zurückzuführen sein kann.

14 Angeborenes Verhalten

Verhalten ist ein komplexer Vorgang, bei dem neuronale, hormonelle, physiologische und anatomisch-morphologische Elemente verrechnet werden müssen. Wenn von **angeborenem, erbkoordiniertem oder genetisch programmiertem Verhalten** gesprochen wird, ist deshalb nicht die Expression von speziellen „Verhaltensgenen" gemeint. Vielmehr reguliert das Zusammenwirken vieler Gene den systematischen Aufbau neuronaler Verschaltungen und deren komplexe Einbindung in andere Systeme, die insgesamt das angeborene Verhalten steuern.

Elementare Verhaltensweisen, die überlebensnotwendig sind, werden als synaptische Verschaltungen des zentralen Nervensystems (siehe (1) S. 61 ff.) bereits während der Embryonalentwicklung auf der Basis genetischer Vorgaben angelegt. Sie können sofort nach der Geburt fehlerfrei ausgeführt werden. Dazu zählen z. B. der Greifreflex von Säuglingen oder das Beutefangverhalten einer Kröte.

Zur Aktivierung der jeweiligen Verschaltungen muss noch ein spezifischer äußerer Reiz wirken, um dann die entsprechenden Reaktionen auszulösen.

14.1 Unbedingte Reflexe

Ein **Reflex** (zu den neuronalen Grundlagen siehe auch (1) S. 65 f.) stellt die einfachste Form des angeborenen Verhaltens dar. Er ist eine **rasche, unbewusste Reaktion** des Organismus auf einen äußeren Reiz, die nach Überschreiten einer **Reizschwelle** immer verzögerungsfrei und stereotyp abläuft. Wird der Reflex spontan auf ein Reizmuster hin ausgelöst, dessen Erkennung angeboren ist, spricht man von einem **unbedingten Reflex** (Gegensatz: bedingter Reflex, siehe S. 131).

Reflexe haben oft eine **Schutzfunktion** für den Körper. Sie werden über **Reflexbögen** (Reiz-Reaktions-Ketten, siehe (1) S. 65) gesteuert, die über das Rückenmark bzw. das Stammhirn laufen.

14.2 Instinkthandlung

Genauso starr und unabänderlich wie die Reflexe laufen die komplexeren Verhaltensmuster der **Instinkthandlungen** ab, z. B. beim Beutefang, der Abwehr von Fressfeinden, der Balz oder der Brutpflege mancher Tierarten.

Im Unterschied zu den unbedingten Reflexen ist die **Reizschwelle** zur Reaktionsauslösung **variabel** und wie die Intensität der ausgelösten Reaktionen auch von inneren Faktoren abhängig.

Phasen einer Instinkthandlung

Der Ablauf einer Instinkthandlung lässt sich in drei Phasen unterteilen:

- **Appetenzverhalten:** ungerichtetes Suchen nach einem Reiz, der die Instinkthandlung auslösen kann **(Schlüsselreiz)**; auch als **ungerichtete Appetenz** bezeichnet.
- **Taxis:** auf einen bestimmten Reiz hin gerichtete Orientierungsbewegung; auch als **gerichtete Appetenz** bezeichnet.
- **Endhandlung:** artspezifischer Bewegungsablauf, der nicht mehr aufzuhalten ist, wenn er einmal durch einen Reiz ausgelöst wurde.

Modell des Ablaufs einer Instinkthandlung

Voraussetzungen für eine Instinkthandlung

Damit eine Instinkthandlung wie oben beschrieben abläuft, sind zwei Faktoren nötig: ein **äußerer adäquater (passender) Reiz**, der die Instinkthandlung auslösen kann, und die **innere Bereitschaft** des Tieres, die betreffende Endhandlung auszuführen.

Die **Handlungsbereitschaft** (Motivation, Antrieb, innere Bereitschaft) zur Durchführung einer reizabhängigen Handlung wird durch **innere Faktoren** (Hunger, Krankheit, Sexualhormone usw.) und durch **äußere Faktoren** (Temperatur, Licht, Jahreszeit, Populationsdichte usw.) beeinflusst. Außerdem senken vorangegangene erfolgreiche Endhandlungen die Handlungsbereitschaft stark ab.

Eine hinreichend entwickelte Handlungsbereitschaft führt zur ungerichteten Suchbewegung nach einer Möglichkeit für die Triebbefriedigung, dem oben beschriebenen Appetenzverhalten. Dieses besteht in der aktiven Suche nach einem passenden **Schlüsselreiz**, der das typische Verhalten auslösen kann (siehe S. 126).

Die Stärke der inneren Bereitschaft und die des Reizes werden miteinander verrechnet. Das Zusammenwirken der beiden Faktoren bezeichnet man als **Prinzip der doppelten Quantifizierung**. Das Ergebnis der Verrechnung entscheidet darüber, ob die Erregungsschwelle für eine Endhandlung überschritten wird, und bestimmt die Intensität der Endhandlung. So ist z. B. die Menge der Nahrung, die aufgenommen wird, abhängig von der inneren Bereitschaft zur Nahrungsaufnahme (Hunger) und der Qualität und/oder Menge der angebotenen Nahrung. Dies bedeutet auch, dass bei hoher Handlungsbereitschaft bereits ein gering ausgeprägter Schlüsselreiz zur Handlungsauslösung genügt und umgekehrt.

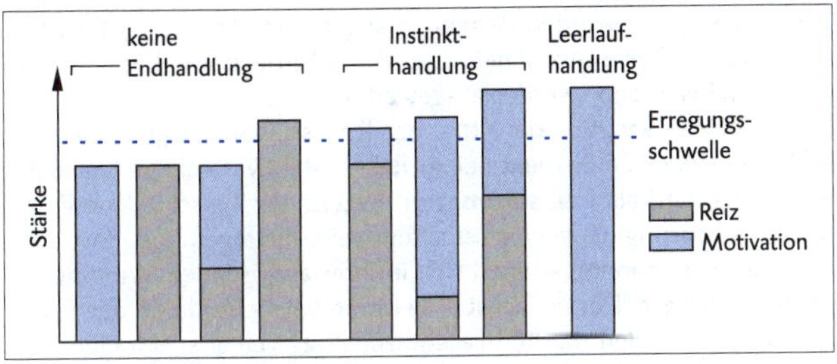

Prinzip der doppelten Quantifizierung

Ist die innere Bereitschaft groß genug, läuft eine Endhandlung mitunter ohne offensichtlichen Außenreiz ab. Konrad LORENZ schloss daraus auf die Existenz einer sog. **Leerlaufhandlung**, bei der allein der „Triebstau" zur Auslösung der Endhandlung führt. Diese Vorstellung wird allerdings heute infrage gestellt, da nur bei wenigen Verhaltensweisen eine scheinbare Leerlaufhandlung zu beobachten ist und die völlige Abwesenheit eines Außenreizes nicht einwandfrei bewiesen werden kann. Bei genügend hoher Motivation reicht vielleicht schon ein Staubkorn in der Luft, um eine Schnappbewegung bei der Kröte auszulösen. Unumstritten ist dagegen, dass ein beliebig starker Reiz ohne vorliegende Handlungsbereitschaft keine Reaktion auslösen kann.

Erkennung der Schlüsselreize

Ein **Schlüsselreiz** wirkt als „Schlüssel", der eine Endhandlung aktivieren kann. Das entsprechende „Schloss" besteht im sog. **angeborenen Auslösemechanismus (AAM)**.

Hierbei handelt es sich um eine Art „Reizfilter" im Zentralnervensystem, der bestimmte Reize erkennen und daraufhin eine Instinkthandlung in Gang setzen kann. Die genaue Struktur und die Funktionsweise eines solchen AAM sind nur in wenigen Fällen im Ansatz bekannt.

In den meisten Fällen wird auf die Existenz eines AAM indirekt über **Attrappenversuche** geschlossen. Dabei handelt es sich um Versuche mit künstlichen Reizmustern, durch die diejenigen Merkmale ermittelt werden sollen, die Schlüsselreize für die Auslösung eines Verhaltens darstellen. Dem Tier werden Attrappen angeboten, die dem natürlichen Reiz in einem Teilaspekt ähneln (z. B. Form, Farbe, Bewegung), und die gezeigten Reaktionen werden ausgewertet.

Durch gezielte Variation der Attrappen lässt sich auch zeigen, dass der AAM die einzelnen Elemente eines Reizmusters verrechnet. Diese Beobachtung wird als **Reizsummation** bezeichnet: Verschiedene Reize, die zur Auslösung derselben Verhaltensweise beitragen (z. B. Form und Farbe einer Attrappe), können sich in ihrer auslösenden Wirkung gegenseitig fördern. Der einfachste Fall ist hierbei die Addition der Stärke der Teilreize. In den meisten Fällen handelt es sich aber um eine zwar deutliche, aber nicht additive gegenseitige Verstärkung, da die verschiedenen Komponenten eines verhaltensauslösenden Reizmusters unterschiedlich verarbeitet und verrechnet werden.

Ein Beispiel für das Wirken der Reizsummenregel sind die sog. **überoptimalen Schlüsselreize**. Attrappen mit bestimmten Reizkombinationen oder stark übertriebenen Merkmalen lösen die Instinkthandlung deutlich besser aus als die natürlich vorkommenden Reizmuster. So rollt eine Gans immer zuerst ein künstliches Riesenei zurück in ihr Nest, bevor sie sich um ihre eigenen Eier kümmert.

Die angeborenen Auslösemechanismen können im Laufe der Individualentwicklung durch Erfahrungsprozesse „verfeinert" werden (durch Erfahrung erweiterter AAM, **EAAM**). Eine junge Kröte schnappt z. B. zunächst nach allen kleinen, sich bewegenden Objekten. Nach und nach wird die Schnappbewegung nur noch durch Gegenstände ausgelöst, die der tatsächlichen genießbaren Beute immer ähnlicher werden.

Auslösemechanismen können auch im Verlauf der Individualentwicklung erlernt werden (erworbener Auslösemechanismus, **EAM**), so z. B. bei der Prägung (siehe S. 129 f.).

Handlungskette

Geht der Schlüsselreiz für ein bestimmtes Verhalten von einem Artgenossen aus, so spricht man von einem **Auslöser** (z. B. Körpermerkmale oder Bewegungen, die der Verständigung dienen). Ist die Instinkthandlung eines Tieres dabei der Auslöser für eine darauffolgende Instinkthandlung eines Artgenossen, so liegt eine **Handlungskette** vor.
Bei der Balz des Dreistachligen Stichlings z. B. sind aufeinanderfolgende Einzelhandlungen von Männchen und Weibchen in einem charakteristischen Schema angeordnet. Die Reihenfolge der Instinkthandlungen ist dabei in gewissen Grenzen variabel. Mitunter können Anteile wiederholt oder sogar übersprungen werden.

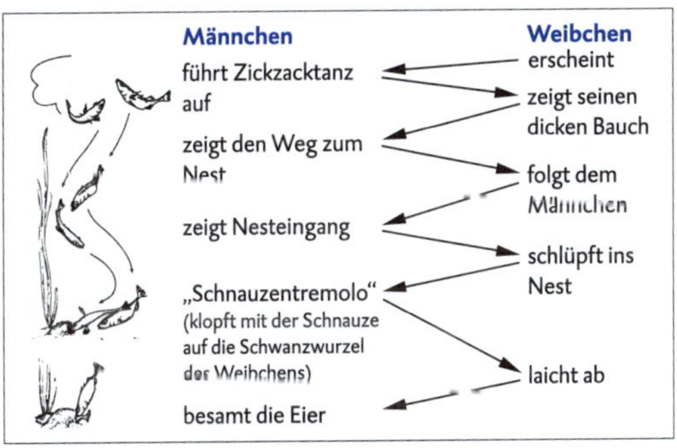

Handlungskette bei der Balz des Dreistachligen Stichlings (idealisiert dargestellt)

Verhaltenskonflikte

Tiere kommen in einen **Verhaltenskonflikt**, wenn in einer Situation Schlüsselreize für verschiedene Handlungen auftreten, zu denen jeweils auch eine innere Bereitschaft vorliegt.
Mit ein und demselben äußeren Reiz lassen sich, je nach innerem Antrieb, unterschiedliche Reaktionen auslösen. Ob das Männchen der Springspinne eine Attrappe als Beute betrachtet und frisst oder für ein Weibchen hält und anbalzt, hängt von der Zahl der vorausgegangenen Hungertage ab. Im **Konflikt der beiden Antriebe** unterdrückt der stärkere den schwächeren Antrieb völlig, und es wird nur die entsprechende Verhaltensweise gezeigt. Ein „Mischverhalten“ tritt nicht auf.

Liegen zwei gleich starke Antriebe vor, so können sich die beiden entsprechenden Handlungen gegenseitig hemmen. In der Folge wird eine **Übersprungshandlung** mit schwächerer Motivation ausgeführt, die mit der vorliegenden Situation nichts zu tun hat. Nähert man sich z. B. einem brütenden Blässhuhn, so hemmen sich dessen Antriebe zur Brutpflege und zur Flucht. Statt zu flüchten oder sein Gelege zu verteidigen, fängt das Huhn an, sich zu putzen.
Eine andere Sonderform ist die **umorientierte Handlung**, bei der sich die Endhandlung gegen ein Ersatzobjekt richtet. Im Kampf gegen einen deutlich stärkeren Artgenossen beispielsweise kann ein Konflikt zwischen Angriffs- und Fluchttendenzen entstehen. Die Aggression des Unterlegenen richtet sich dann beispielsweise gegen einen Baumstamm.

15 Erlerntes Verhalten

Lernen im verhaltensbiologischen Sinne ist die Fähigkeit von Tieren, ihr Verhalten über die genetisch programmierten Muster hinaus an variierende Umweltbedingungen anzupassen.
Grundlage für Lernvorgänge ist die Speicherfähigkeit des Gehirns (**Gedächtnis**, siehe (1) S. 63). Eintreffende neue Wahrnehmungen müssen mit bereits Gespeichertem verglichen und mit zweckmäßigen Reaktionen verknüpft werden **(Erfahrung)**.
Lernvorgänge können obligatorisch (lebensnotwendig) oder fakultativ (individuell und nicht überlebenswichtig, wie z. B. die „Erziehung" eines Hundes durch den Menschen) sein.
Beim obligatorischen Lernen kommt es häufig zur sog. **Instinkt-Dressur-Verschränkung**, bei der angeborene Verhaltensweisen durch Lernvorgänge erst vollständig funktionsfähig werden. Beispielsweise benagt ein Eichhörnchen Nüsse zwar in einer angeborenen Instinkthandlung, muss die richtige Methode zum schnellen und effizienten Knacken aber erst durch Probieren herausfinden. Ein weiteres Beispiel für einen obligatorischen Lernvorgang ist die **Habituation**, die erlernte Unterdrückung eines Verhaltens durch Gewöhnung an einen sich ständig wiederholenden, aber nicht bedeutsamen Reiz (z. B. das fehlende Fluchtverhalten von Tauben in der Stadt bei Annäherung eines Menschen).

15.1 Prägung

Die **Prägung** ist ein elementarer, obligatorischer Lernvorgang, der nur in einer kurzen, sehr früh in der Individualentwicklung auftretenden sog. **sensiblen Phase** stattfindet. Es erfolgt eine dauerhafte und irreversible Verknüpfung einer angeborenen Verhaltensform mit einem erlernten Auslöser; ein **EAM** (siehe auch S. 127) wird ausgebildet. Bei der **Objektprägung** werden die Merkmale eines Gegenstandes gelernt, an den die Handlungen später dauerhaft gebunden sind. Je nach Objekt der Prägung unterscheidet man:

- die **Nachfolgeprägung:** Ein AAM bei Gänsevögeln bewirkt, dass sie nach ihrem Schlüpfen dem ersten beweglichen Objekt nachfolgen, das sie sehen. Normalerweise erfolgt die Prägung auf die Mutter und garantiert so Schutz und Sicherheit. Da der AAM aber relativ grob ist, konnte LORENZ Gänseküken auf seine Gummistiefel prägen.

- die **sexuelle Prägung:** Während der sensiblen Phase werden artspezifische Merkmale des künftigen Sexualpartners langfristig gespeichert. Erst nach Erreichen der Geschlechtsreife werden die Auslösemechanismen zur Fortpflanzung wirksam. Ein Hahn beispielsweise, der zusammen mit Enten aufgewachsen ist, wird seine Balz später (vergeblich) nur auf Entenweibchen ausrichten, auch wenn Hühner in der Nähe sind.
- die **Ortsprägung:** Bei Zugtieren erfolgt eine Festlegung auf eine bestimmte geografische Region oder einen Ort, die bewirkt, dass sie ihren früheren Lebensraum wieder aufsuchen. Störche kehren z. B. jedes Jahr zum Ort ihrer Geburt zurück, um dort zu brüten.
- die **Nahrungsprägung:** Mit der ersten Aufnahme von Nahrung erfolgt die Fixierung auf eine bestimmte Nahrungsart (Pflanzen, Beutetiere etc.), die später das Auffinden von geeignetem Futter in einer sich verändernden Umwelt erleichtert. Individuen derselben Tierart zeigen daher oft unterschiedliche Vorlieben bei der Nahrungswahl.

Auch beim Menschen können prägungsähnliche Erscheinungen auftreten. Deutlich wird das besonders bei psychischen Auffälligkeiten wie dem **Hospitalismus (Deprivationssyndrom)**. Fehlender sozialer Kontakt und mangelnde Versorgung z. B. in schlecht geführten Pflege- oder Kinderheimen können nicht nur zu körperlichen Defiziten, sondern auch zu psychischen Entwicklungsstörungen führen.

15.2 Konditionierung

Konditionierungen sind Vorgänge zum Erlernen reizspezifischen Verhaltens. Im Gegensatz zu Prägungen können sie in jeder Lebensphase erlernt und auch wieder verlernt werden.

Klassische Konditionierung

Bei der **klassischen Konditionierung** (auch: **reizbedingte Konditionierung**) geht – wie der Name schon andeutet – die Lernsituation von einem Reiz aus.

In der Lernphase erfolgt die Verknüpfung eines ursprünglich neutralen Reizes mit einer bereits bestehenden Reiz-Reaktions-Kette. Dazu muss der neutrale Reiz immer wieder in zeitlicher und räumlicher Nähe **(Kontiguität)** zum Originalreiz auftreten. Der neutrale Reiz wird dadurch zum **bedingten Reiz** und löst nun ebenfalls die betreffende Reaktion aus. Diese ist damit zur **bedingten Reaktion** geworden.

Man unterscheidet drei Ergebnisse eines reizbedingten Konditionierungsvorgangs:

- **bedingter Reflex:** Ein „normaler“, unbedingter Reflex (z. B. Lidschluss) wird auf einen unbedingten Reiz (z. B. Luftzug auf das Auge) hin ausgeführt. Durch die Verknüpfung mit einem ursprünglich neutralen Reiz (z. B. gleichzeitig mit dem Luftstrom auftretender Pfeifton) entsteht ein bedingter Reflex (Lidschluss bei Ertönen der Pfeife).
- **bedingte Appetenz:** Ein Appetenzverhalten, das aus einer inneren Bereitschaft eines Tieres resultiert, wird mit einem neutralen Reiz verknüpft, wenn die Befriedigung des Antriebs mehrmals zusammen mit diesem aufgetreten ist **(Lernen aus guter Erfahrung)**. Hierbei löst der bedingte Reiz also nach dem Lernvorgang ein bedingtes Appetenzverhalten aus. Im Gegensatz zum bedingten Reflex ist hier die Motivation des Tieres entscheidend. Der historische Versuch von Iwan PAWLOW mit Hunden ist ein typisches Beispiel für eine bedingte Appetenz: Ein hungriger Hund sondert beim Anblick eines Fleischbrockens Speichel ab. Wenn die Fütterung immer wieder von einem Glockenton begleitet wird, reagiert der Hund bald auf den Glockenton allein mit Speichelfluss – allerdings nur, wenn er hungrig ist. Ein satter Hund wird das (bedingte) Appetenzverhalten nicht zeigen, da ihm die innere Bereitschaft dazu fehlt.
- **bedingte Aversion:** Durch negative Erfahrungen kann ein Meldeverhalten erlernt werden, das auf einen ursprünglich neutralen oder sogar positiven Reiz hin erfolgt. In Laborversuchen entwickeln Ratten eine bedingte Aversion (Abneigung) gegen die Dunkelheit, wenn ihnen mehrmals ein leichter Stromschlag versetzt wurde, sobald sie (ihrem natürlichen Verhalten folgend) die dunkle Ecke ihres Käfigs aufsuchten. So konditionierte Ratten mieden fortan die Dunkelheit.

Operante Konditionierung

Lernvorgänge der **operanten Konditionierung** (auch: **instrumentelle oder verhaltensbedingte Konditionierung**) gehen von einem zufällig gezeigten Verhalten des Tieres aus. Wenn dieses Verhalten zur Befriedigung eines Antriebs führt, wird die nun **bedingte Handlung** mit diesem Antrieb verknüpft und anschließend gezielt zu dessen Befriedigung eingesetzt.

Operante Konditionierungen sind die Basis vieler **Tierdressuren**. Je nachdem, ob eine Belohnung oder Bestrafung erfolgt, kann so eine neue Verhaltensweise erlernt oder ein unerwünschtes Verhalten unterbunden werden:

- **bedingte Aktion:** Ein zufällig ausgeführter Handlungsablauf (z. B. Drücken eines Hebels) wird durch positive Verstärkung (Belohnung) gefestigt. Erfolgt in der Lernphase die Belohnung auf die ungezielte Verhaltensweise hin, wird das neue Verhalten schließlich gezielt zum Erreichen der Belohnung ausgeführt.
  In der sog. **Skinner-Box**, benannt nach ihrem Erfinder B. F. SKINNER, können bedingte Aktionen bei Tieren relativ rasch hervorgerufen werden.

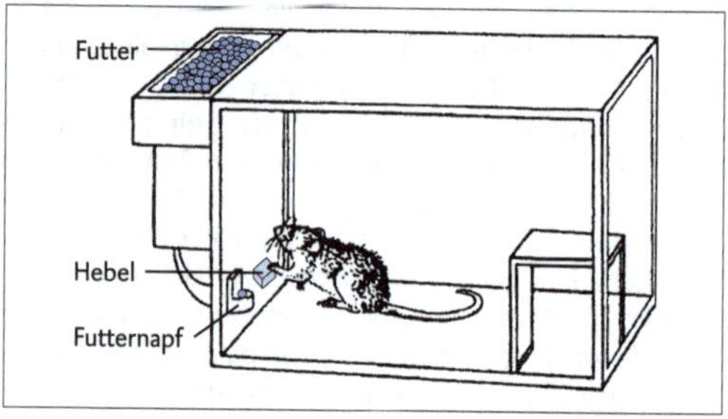

Skinner-Box

- **bedingte Hemmung:** Ähnlich wie bei der bedingten Aversion kann bei der bedingten Hemmung eine negative Erfahrung eine Handlung blockieren. Im Gegensatz zur bedingten Aversion wird die negative Erfahrung aber nicht mit einem Reiz, sondern mit der eigenen Handlung verknüpft. Schmerz durch einen leichten Stromschlag verhindert beispielsweise bei Zootieren (und Besuchern) die Annäherung an den Begrenzungszaun des Geheges.

15.3 Höhere Lernleistungen

Lernen durch Versuch und Irrtum

Auf der Basis von Erfolg und Misserfolg lernt ein Individuum nach mehreren Versuchen die „richtige" Lösung zu einem komplexen Problem. Durch positive oder negative Erfahrungen wird diejenige (Teil-)Reaktion, die zu einer Belohnung führt, verfestigt und tritt in nachfolgenden Versuchen immer schneller auf, bis sie schließlich in der entsprechenden Situation sofort gezeigt wird. Diesem Lernprinzip liegt meist eine Kombination aus bedingter Appetenz, bedingter Aversion und bedingter Aktion zugrunde.

Die höchste Form des Lernens durch Versuch und Irrtum ist ein systematisches Ausprobieren verschiedener Lösungsmöglichkeiten, bis die effektivste Lösung für ein Problem gefunden wird. Versuch und Irrtum sind häufig auch an komplexeren Lernprozessen beteiligt (besonders beim Lernen durch Einsicht, s. u.), bei denen auch die Ergebnisse des Ausprobierens hinzugezogen werden.

Lernen durch Nachahmung

Lernprozesse setzen auch bei der **Imitation von Verhaltensabläufen** an. Diese nur bei Vögeln und Säugern beobachtbare Lernform erfordert ein inneres Abbild oder Modell des Handlungsablaufs, das dann vom Nachahmer umgesetzt werden kann. Durch die Imitation verbreiten sich zufällige Verhaltensweisen innerhalb der Population, wenn sie sich als vorteilhaft erwiesen haben **(Traditionsbildung)**.

Lernen durch Einsicht

Einsichtiges Lernen setzt eine hoch entwickelte Fähigkeit zur Informationsspeicherung und Assoziation voraus, die fast nur bei **Primaten** beobachtet wird. Die erweiterten **kognitiven Fähigkeiten** ermöglichen erst eine Einsicht in die Zusammenhänge von Ursache und Wirkung **(Kausalität)**. Die einzelnen Teilschritte einer noch niemals realisierten, aber erlernbaren Handlung werden an einem durch Erfahrung gebildeten inneren Umweltmodell vorgenommen, bevor sie ausgeführt werden. Nach einer mehr oder weniger ausgeprägten Phase des Nachdenkens wird die geplante Handlung dann zielstrebig umgesetzt.

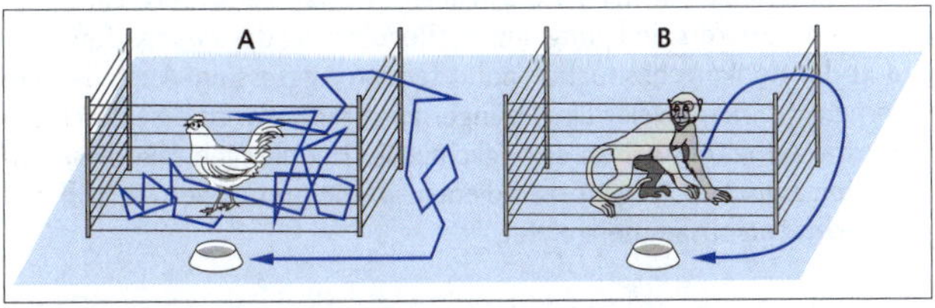

Lernen durch Versuch und Irrtum (A) und Lernen durch Einsicht (B)

Spielverhalten

Bei den Jungtieren der meisten lernfähigen Arten kann man Spielverhalten beobachten. Dabei werden unter sicheren Bedingungen wichtige Elemente überlebensnotwendiger Verhaltensweisen, z. B. der sozialen Kommunikation, der Verteidigung oder des Angriffs erprobt.

16 Sozialverhalten

Viele Tiere leben als Einzelgänger und finden sich nur zur Paarungszeit mit einem Artgenossen zusammen. Andere Tierarten leben in Verbänden:

- Die einfachste Art der Tiergesellschaft, bei der viele Tiere anonym an einem für sie günstigen Ort zusammenkommen, ist die **Aggregation** (z. B. Überwinterungsgesellschaft von Insekten).
- In einem **anonymen offenen Verband** interagieren die Individuen zusätzlich miteinander (z. B. Brutkolonien von Vögeln). Es können jedoch jederzeit Tiere hinzukommen oder wegbleiben.
- Eine dauerhafte Tiergesellschaft, bei der die Tiere sich zwar nicht persönlich kennen, aber gemeinsame Merkmale aufweisen, an denen sie sich erkennen, bezeichnet man als **anonymen geschlossenen Verband** (z. B. Ameisen in Ameisenstaaten, die sich am Nestgeruch erkennen).
- In den (in der Regel relativ kleinen) **individualisierten Verbänden** kennen sich die Individuen persönlich und sind zumeist miteinander verwandt (z. B. Wolfsrudel).

Die Vorteile solcher Zusammenschlüsse liegen im besseren Schutz des einzelnen Tieres vor Fressfeinden, dem einfacheren Auffinden eines Sexualpartners, Arbeitsteilung bei der Jungenaufzucht etc. Ein Nachteil ist aber, dass die **innerartliche Konkurrenz** (siehe (1) S. 93) in Tierverbänden sehr stark zum Tragen kommt.
Das Zusammenleben vieler Tiere in einem Verband erfordert daher Mechanismen zur Verständigung und zur Regulierung der zwangsläufig aufgrund der Konkurrenzsituation auftretenden Aggression. Auch das Zusammenkommen zweier Einzelgänger zur Paarung wird erst durch bestimmte Verhaltensweisen ermöglicht. Alle Handlungen, die dieser Interaktion zwischen Artgenossen dienen, werden unter dem Begriff **Sozialverhalten** zusammengefasst.

16.1 Kooperation

Es gibt unzählige Beispiele für Kooperation („Zusammenarbeit“) innerhalb von Gemeinschaften von Artgenossen:

- **Nahrungserwerb:** Bei vielen Arten sind Individuengruppen bei der Jagd erfolgreicher als Einzeltiere (z. B. Wölfe, Löwen, Schimpansen).

- **Schutz und Verteidigung:** Die Vorteile des Zusammenlebens sind hier sehr vielfältig und reichen vom Verwirrungseffekt, den große Fischschwärme auf Räuber ausüben, bis hin zur Postierung von „Wachtposten“ (z. B. Erdmännchen) und der aktiven Verteidigung schwächerer Gruppenmitglieder (z. B. Rinderherde).
- **Fortpflanzung:** Große Schwärme von Artgenossen erhöhen die Wahrscheinlichkeit, einen geeigneten Partner zu finden (z. B. Eintagsfliegen). In großen Brutkolonien sind die Einzelindividuen besser vor Nesträubern geschützt.

In den beschriebenen Fällen wiegt der **Nutzen** des Zusammenlebens die **Kosten** (innerartliche Konkurrenz) auf.

Altruistisches Verhalten

Im Gegensatz zur klassischen Verhaltensbiologie, die die „Arterhaltung“ als ultimative Ursache des Sozialverhaltens von Tieren ansah, geht die **Soziobiologie** von der Darwinschen Idee der **Selektion des Individuums** aus: Nicht nur die körperlichen Merkmale der Individuen, sondern auch ihre Verhaltensweisen sind der Selektion unterworfen. Demzufolge können in der Evolution nur solche Verhaltensweisen bestehen, die den Fortpflanzungserfolg desjenigen Tieres maximieren, das dieses Verhalten zeigt. Nur so können die entsprechenden Gene effektiv an die nächste Generation weitergegeben werden, denn letztlich ist auch Verhalten nur ein Ausdruck der genetischen Ausstattung eines Lebewesens. (Manche Wissenschaftler gehen sogar noch weiter und sprechen vom **Egoismus der Gene:** Jedes Gen ist um seine eigene maximale Verbreitung bemüht. Allerdings ist die kleinste Einheit, an der die Selektion angreifen kann, nicht das einzelne Gen, sondern das Individuum, in dessen Phänotyp sich die Gesamtheit der Gene widerspiegelt.)
Die Theorie, dass Verhalten dem Individuum nützen muss, steht besonders zu dem in Kleingruppen oft beobachteten sog. **altruistischen Verhalten** in scheinbarem Widerspruch. Hierbei opfert ein Individuum sein Leben oder seine „Arbeitskraft“ zum Wohl anderer Gruppenmitglieder. Sein eigener Fortpflanzungserfolg wird dadurch stark eingeschränkt oder sogar ganz verhindert. Dieses „selbstlose“ Verhalten scheint demnach auf die Arterhaltung ausgerichtet zu sein.
Allerdings eröffnet die Soziobiologie zur Lösung dieses Widerspruchs eine einfache **Kosten-Nutzen-Rechnung**, die die Verwandtschaftsverhältnisse innerhalb einer Gruppe berücksichtigt: Bei der Fortpflanzung geht es um die Weitergabe der eigenen Gene. Mit Verwandten hat man

immer einen gewissen Prozentsatz seiner Gene gemeinsam, z. B. mit Eltern wie mit Geschwistern statistisch betrachtet 50 %. Wenn ein Tier nun hilft, drei Kinder seiner Schwester aufzuziehen (mit denen es je 25 % genetische Übereinstimmung hat) oder eine ganze Gruppe von Verwandten vor dem Gefressenwerden rettet, hat es – statistisch gesehen – mehr eigene Gene an die nächste Generation weitergegeben, als durch einen eigenen Nachkommen möglich gewesen wäre. Auf diese Weise kann sich das „altruistische Gen", das ja mit einer hohen Wahrscheinlichkeit bei den Verwandten ebenfalls vorkommt, in der nächsten Generation weiter ausbreiten.

In diesem Zusammenhang spricht man von der **Gesamtfitness** eines Individuums (Fitness: Lebenszeitfortpflanzungserfolg; Fähigkeit eines Individuums, zu überleben und seine Gene an die nächste Generation weiterzugeben). Diese setzt sich zusammen aus der **direkten Fitness**, also der Weitergabe der eigenen Gene durch den eigenen Fortpflanzungserfolg, und der **indirekten Fitness**, d. h. der Weitergabe der eigenen Gene durch die erfolgreiche Fortpflanzung verwandter Individuen.

Der Zusammenhang, dass altruistisches Verhalten umso wahrscheinlicher ist, je enger die betrachteten Individuen miteinander verwandt sind, lässt sich mit der **HAMILTON-Formel** beschreiben:

C (Kosten) **< r** (Verwandtschaftskoeffizient) **·** **B** (Nutzen)

In **Tierstaaten** (z. B. bei Honigbienen und Ameisen) ist der Altruismus besonders ausgeprägt **(eusoziale Arten)**. Das geht so weit, dass die Arbeiterinnen vollständig auf eigene Fortpflanzung verzichten und sich nur auf die Aufzucht der Nachkommen ihrer Mutter (Königin), also ihrer Schwestern konzentrieren. Dadurch haben die Arbeiterinnen letztendlich einen höheren Fitnessgewinn, als es durch eigene Fortpflanzung möglich wäre.

16.2 Kommunikation

Bei Tieren erfolgt (ebenso wie beim Menschen) ein ständiger inner- und zwischenartlicher Austausch von Nachrichten.

Nach dem **Sender-Empfänger-Modell** sendet ein Individuum, der **Sender**, dabei Signale aus, die das Verhalten des **Empfängers**, also eines anderen Individuums oder einer Gruppe, beeinflussen sollen.

Im zwischenartlichen Bereich sind die Signale meist optischer oder akustischer Natur und sollen einem potenziellen Fressfeind Gefährlichkeit oder Ungenießbarkeit signalisieren (z. B. die auffällige Färbung giftiger Insekten, siehe auch (1) S. 95). Innerartliche Kommunikation ist die Voraussetzung für Sozialverhalten.

Signale der innerartlichen Kommunikation

Botschaften zwischen Artgenossen können, je nach Umweltbeschaffenheit und Situation, auf verschiedenen Wegen ausgetauscht werden.

- **optische Signale** (in der Regel geringe Reichweite, kurze bis lange Wirkung): Darunter fallen alle Körpermerkmale wie Farbe und Form, aber auch die Körpersprache, also Gestik und Mimik. Durch bestimmte Körperhaltungen können z. B. Aggressionsbereitschaft oder auch Unterlegenheit in einem Kampf signalisiert werden.
- **akustische Signale** (in der Regel große Reichweite, kurze Wirkung): Lautäußerungen aller Art werden im Tierreich als Lock- und Warnrufe oder zur Reviermarkierung eingesetzt. Dazu gehört das Trommeln der Spechte ebenso wie das Heulen der Wölfe.
- **chemische Signale** (in der Regel große Reichweite, lange Wirkung): Auch Duftstoffe werden in der Tierwelt häufig als Mittel zur Kommunikation verwendet (direkt oder über Duftmarken). Die wohl bekanntesten chemischen Signale sind die **Pheromone** der Seidenspinnerweibchen, die damit die sehr geruchsempfindlichen arteigenen Männchen aus weiter Entfernung anlocken können.
- **taktile Signale** (in der Regel geringe Reichweite, kurze Wirkung): Kommunikation durch Körperkontakt findet man v. a. bei Säugetieren. Mit Verhaltensweisen wie dem gegenseitigen Lausen bei Affen werden Informationen über die Rangfolge ausgetauscht und der soziale Zusammenhalt gefördert.

Das Aussenden von Signalen kann neben **Nutzen** auch **Kosten** mit sich bringen. Warnt beispielsweise ein Murmeltier seine Artgenossen durch einen lauten Pfiff vor einer drohenden Gefahr, ist es für den Angreifer selbst leicht zu entdecken (Altruismus, siehe S. 135 f.).

Ritualisierung

Zur Verständigung werden auch Instinkthandlungen eingesetzt, die im Laufe der Evolution ihre Bedeutung verändert haben. Durch **Ritualisierung** sind diese Verhaltenselemente in den Dienst der Kommunikation getreten. Die ritualisierten Handlungen haben sich zu einem neuen und unverwechselbaren Verständigungsmittel zwischen Artgenossen entwickelt.

Ein typischer **Balztanz** besteht aus einer Aneinanderreihung solcher ritualisierter Verhaltensweisen. Meist handelt es sich dabei um Handlungen aus dem Brut- oder Körperpflegeverhalten (Füttern, Putzen etc.), die durch ihre Signalwirkung helfen, den normalerweise eingehaltenen natürlichen Mindestabstand beider Partner, die sog. **Individualdistanz**, zu verringern und so die Paarung zu ermöglichen.
Ritualisierte Verhaltensweisen kommen auch als Gebärden im Rahmen der **innerartlichen Aggression** (siehe (1) S. 93) vor. Sie dienen hier der Abschreckung oder der Unterwerfung, sodass ein Kampf vermieden werden kann.

Signalfälschung bei zwischenartlicher Kommunikation
Unter **Signalfälschung** versteht man die Täuschung eines Empfängers durch das Signal eines Senders.
Beispiele für die Signalfälschung bei zwischenartlicher Kommunikation sind die Nachahmung gefährlicher bzw. ungenießbarer Arten durch harmlose Spezies oder die Anlockung von Beutetieren durch den Köder der Anglerfische (Mimikry, siehe (1) S. 95).

16.3 Aggression und Aggressionshemmung

Aggression umfasst allgemein alle Verhaltensweisen, die dem Angriff oder der Verteidigung dienen. Bei der **zwischenartlichen Aggression** finden meist sog. **Beschädigungskämpfe** statt, die Verletzung und Tötung des Gegners in Kauf nehmen oder sogar zum Ziel haben. Hier geht es meist um Beutefang bzw. um die Verteidigung gegen Fressfeinde.
Im Gegensatz dazu dient die **innerartliche Aggression** (bei der mitunter ebenfalls die Verletzung oder Tötung des Gegners in Kauf genommen wird) der Sicherung der Lebensgrundlagen im Rahmen der innerartlichen Konkurrenz um Nahrung, Wohnraum oder Sexualpartner.

Aggressionskontrolle durch Territorial- und Rangordnungsverhalten
Ausdruck der innerartlichen Aggression ist u. a. das **Territorialverhalten** zur Verteidigung des eigenen **Reviers**, das die (Nahrungs-)Grundlage für das Überleben und die Fortpflanzung bildet. Reviere können von Individuen, Paaren oder Verbänden dauerhaft oder nur zu bestimmten Zeiten (z. B. während der Brut) besetzt werden.
Beim Besetzen der Reviere (z. B. bei der Ankunft von Zugvögeln im Brutgebiet) kommt es oft zu Kämpfen. Nachdem die Grenzen eines Reviers

einmal erkämpft worden sind, werden sie über Duftmarken (Harn der Wölfe, spezielle Drüsensekrete der Marder etc.) oder akustische Signale (z. B. das Brüllen der Löwen) markiert. Diese Revierabgrenzung muss zwar ständig erneuert werden, wird aber von den „Nachbarn" in der Regel respektiert, sodass fortwährende Kämpfe vermieden werden können.

Weiterhin wird innerartliche Aggression in Rangordnungskämpfen innerhalb einer Gruppe (z. B. Hühner und Wölfe) sichtbar. Sind die Dominanzverhältnisse aber einmal festgelegt, trägt das **Rangordnungsverhalten** zur Stabilisierung des Verbandes bei: Dadurch, dass jedes Tier seine Position kennt und sich entsprechend verhält, werden andauernde kräftezehrende Kämpfe innerhalb der Gruppe vermieden. Durch Körperhaltung und Gebärden werden Dominanz oder Unterlegenheit signalisiert (siehe unten). Ein ranghöheres Tier hat Vorrang in Konkurrenzsituationen, z. B. bei der Nahrungsverteilung oder bei der Partnerwahl.

Weitere Mechanismen der Aggressionskontrolle

Bei Kämpfen innerhalb einer Art geht es nur in Ausnahmefällen um Leben und Tod. Häufig kommt es gar nicht erst zum Kampf, da die Konflikte im Vorfeld durch Vergleich der Dominanz oder Stärke mittels ritualisierter Verhaltensweisen beendet werden können. **Imponier- und Drohverhalten** wie Vergrößern des Körpers (z. B. durch Aufrichten der Fellhaare bei Hunden und Affen oder durch Aufplustern bei Hähnen), das gegenseitige Zeigen der Waffen (z. B. das Zähnefletschen bei Raubtieren oder das Senken des Geweihs bei Hirschen) werden sowohl innerhalb einer Rangordnung als auch z. B. gegen einen Rivalen bei der Balz eingesetzt. Durch Demonstration der eigenen Stärke soll der potenzielle Gegner vor dem Kampf zurückschrecken.

Kommt es dennoch zum Kampf, ist dieser zumeist nicht auf Beschädigung ausgerichtet. Beim sog. **Kommentkampf** zwischen Artgenossen werden die potenziell tödlichen Waffen wie Hörner, Hufe oder Zähne nicht oder zumindest nicht effektiv eingesetzt. So beißen Hunde und Wölfe ihren Artgenossen in den dichten Nackenpelz, nicht in die Kehle wie bei ihrer Beute. Steinböcke oder Antilopen schlagen nicht mit Hörnern oder Hufen zu, sondern stemmen sich im Kommentkampf nur mit der Stirn gegeneinander.

Bei vielen Tierarten wird der Kampf durch Flucht des unterlegenen Gegners beendet. Nur wenn die Flucht durch einen Zaun o. Ä. verhindert wird, geht der Komment- in einen **Beschädigungskampf** über. Ein solcher Beschädigungskampf verläuft dann nicht mehr nach den oben ge-

nannten festen Regeln, sondern es werden auch Waffen und Techniken eingesetzt, die letztendlich zum Tod des Gegners führen können.
Bei sozial lebenden Tierarten, bei denen sich das Tier durch Flucht von der schützenden Gruppe entfernen würde, sollen **Demutsgebärden** einen Kampf beenden. Sie werden auch eingesetzt, um den Ausbruch eines Kampfes zu verhindern. Durch Unterwerfungsgesten, die häufig ritualisierte Verhaltensweisen aus dem Bereich der Brutpflege oder der Paarung darstellen, wird beim überlegenen Gegner eine **Tötungshemmung** ausgelöst.

Demutsgebärde: Aufforderung zur Körperpflege

Proximate und ultimate Ursachen für Aggression

Für jede Verhaltensweise gibt es sowohl proximate als auch ultimate Gründe bzw. Ursachen.

- Als **proximate Ursachen** eines Verhaltens (Wirkursachen; wie kommt es zu diesem Verhalten?) werden allgemein dessen unmittelbare Ursachen bezeichnet. Sie erklären beispielsweise, welche inneren Bedingungen (z. B. physiologische und hormonelle) oder äußeren Reize ein Verhalten auslösen. Im Fall der Aggression zählen zu den proximaten Ursachen:
  - Veränderungen des Hormonspiegels
  - Nahrungsmangel
  - hohe Populationsdichten
- Als **ultimate Ursachen** eines Verhaltens (Zweckursachen; wozu kommt es zu diesem Verhalten?) bezeichnet man allgemein Faktoren, die eine Erklärung für den evolutionären Nutzen oder Wert (Anpassung) einer Verhaltensweise für ein Individuum liefern.
  Im Fall der Aggression ist eine ultimate Ursache, dass aggressives Verhalten einen Vorteil bezüglich des Zugangs zu Nahrung, Geschlechtspartnern und Lebensraum bringen kann.

16.4 Sexualverhalten

Nur wenn sich Männchen und Weibchen finden und binden, kann es zur Fortpflanzung der Partner und damit zur Weitergabe ihrer Gene an die nächste Generation (Erhöhung der Fitness) kommen.

Partnerwahl
In der Regel wählen die Weibchen ein Männchen als Partner aus bzw. die Männchen **balzen** um die Weibchen. Das **Balzverhalten** dient dabei dazu, eine Bindung zwischen den Geschlechtspartnern herzustellen. Vor allem bei Fischen, Reptilien und Vögeln umfasst es oft stark ritualisierte Verhaltensweisen (siehe Stichling, S. 127 und Ritualisierung, S. 137 f.). Die von den Männchen dabei häufig präsentierten **auffälligen Körpermerkmale** (z. B. Schwanz des Pfaus) dienen den Weibchen als Anzeiger für die Qualität des Partners: Wenn sich das Männchen üppigen, abgesehen von der Partnerfindung nutzlosen oder sogar hinderlichen Schmuck leisten kann, muss es über eine gute genetische Ausstattung verfügen und wird diese an die gemeinsamen Nachkommen weitergeben. Außerdem wird es in der Lage sein, gut für den Nachwuchs zu sorgen, da es ihm nicht an Ressourcen fehlt.

Paarungssysteme und Elterninvestment
Verschiedene Arten haben unterschiedliche Fortpflanzungsstrategien. Und auch innerhalb einer Art können unterschiedliche Konzepte beobachtet werden. Grundsätzlich wird zwischen den folgenden Paarungssystemen unterschieden:
- **Monogamie:** Ein Männchen und ein Weibchen bilden für eine oder mehrere Fortpflanzungsperioden ein Paar (z. B. bei vielen Vogelarten).
- **Polygamie:** Mehrere Individuen des einen Geschlechts paaren sich mit einem Individuum oder mehreren Individuen des anderen Geschlechts. Varianten:
  - **Polygynie:** Ein Männchen paart sich in einer Fortpflanzungsperiode mit mehreren Weibchen (z. B. Löwe).
  - **Polyandrie:** Ein Weibchen paart sich in einer Fortpflanzungsperiode mit mehreren Männchen (z. B. Goldschnepfe).
  - **Polygynandrie:** Sowohl Männchen als auch Weibchen paaren sich in einer Fortpflanzungsperiode mit mehreren Partnern (z. B. Schimpansen).

Prinzipiell sind Männchen und Weibchen bei der Aufzucht ihres Nachwuchses darauf bedacht, einen möglichst großen **Nutzen** (möglichst

große Zahl überlebender Nachkommen) bei möglichst geringen eigenen **Kosten** (möglichst geringer Einsatz an Ressourcen) zu erreichen. Aus dieser Strategie ergibt sich, dass Männchen und Weibchen jeweils versuchen, das eigene **Investment in den Nachwuchs** auf Kosten des Partners möglichst gering zu halten.
Während die Weibchen also darauf bedacht sind, die Männchen für die Jungenaufzucht zu binden, kann es für die Männchen eine geeignete Strategie sein, wenig oder sogar keine Ressourcen in die Aufzucht zu investieren und sich einer neuen Partnerin zuzuwenden. Dieses Verhalten ist allerdings für das männliche Tier nur dann sinnvoll, wenn das Überleben der Jungen durch seine mangelnde Fürsorge nicht gefährdet ist.
Muss ein Männchen viel in seinen Nachwuchs investieren, so ist es in der Regel darauf bedacht, sicherzustellen, dass es sich auch tatsächlich um seinen eigenen Nachwuchs und nicht um den eines Konkurrenten handelt. Dies geschieht beispielsweise durch die Bewachung der Partnerin während der Paarungszeit.

17 Verhalten des Menschen

Auch das Verhalten des Menschen setzt sich aus genetisch fixierten und erlernten Anteilen zusammen. Zusätzlich wird das Verhalten aber auch durch gesellschaftliche und psychologische Faktoren beeinflusst und durch das Bewusstsein kontrolliert. Interessant ist für die Verhaltensbiologie dennoch die Frage, welche grundlegenden, in den Genen verankerten Mechanismen unser Verhalten steuern.

17.1 Angeborenes Verhalten beim Menschen

Aus ethischen Gründen sind besondere Untersuchungsmethoden erforderlich, um den Anteil erbkoordinierten Verhaltens beim Menschen zu bestimmen:

- **Beobachtungen an Neugeborenen:** Verhaltensweisen, die direkt nach der Geburt auftreten, müssen angeboren sein. Dazu gehören u.a. der Greifreflex und die erbkoordinierte Saugbewegung an der Mutterbrust.

- **Beobachtungen an taubblind Geborenen:** Obwohl diese Menschen Gestik und Mimik nicht durch Nachahmung lernen können, zeigen sie die gleichen Gefühlsausdrücke wie Hörende und Sehende, z. B. Lächeln oder Stirnrunzeln.
- **Vergleichende Verhaltensforschung:** Verhaltensanteile, die kulturübergreifend auftreten, wie Ausdrücke der Freude oder des Zorns, sind mit hoher Wahrscheinlichkeit angeboren.
- In gewissem Umfang kann man auch aus den **Erkenntnissen der Tierethologie** Rückschlüsse auf menschliches Verhalten ziehen.

Durch Verhaltensbeobachtungen am Menschen konnten u. a. zwei angeborene Auslösemechanismen (AAM, siehe S. 126) beim Menschen aufgeklärt werden, das Kindchenschema und das Frau-Mann-Schema, die unser Verhalten maßgeblich beeinflussen.

Kindchenschema

Kinder und Jungtiere senden Signale aus, die Brutpflege- und Schutzverhalten auslösen. Dies soll gewährleisten, dass sie die benötigte Zuwendung und Hilfe bekommen. Der zugrunde liegende AAM ist bei Frauen und Männern ausgeprägt.

Die wichtigsten Schlüsselreize des Kindchenschemas sind:

- rundliche Körper- und Kopfform, kurze Gliedmaßen
- überproportional großer Kopf
- flaches Gesicht mit vorgewölbter Stirn und runden „Pausbacken"
- typische Stimmfärbung

Kindchenschema

In dieser Konstellation lösen die Schlüsselreize Zuwendung aus, die die erwachsenen Formen nicht hervorrufen können. In der Werbung, in Comics oder beim Design von Stofftieren wird dies häufig ausgenutzt, um über eine positive Gefühlsreaktion die Kaufbereitschaft zu erhöhen.

Frau-Mann-Schema

Angeborene und ab der Pubertät wahrnehmbare Schlüsselreize bestimmen die **sexuelle Attraktivität** von Menschen auf das andere Geschlecht. Es gibt auch hier Grundschemata, auf die ein AAM anspricht:

Frau-Schema (A-Form)	Mann-Schema (V-Form)
• schmale Schultern und Taille	• breite Schultern
• breitere Hüften	• schmales Becken
• Form der Brüste und des Gesäßes	• ausgeprägte Muskulatur

Die Schlüsselreize des Frau-Schemas bewirken beim Mann Flirtverhalten, sexuelle Annäherung und beschützendes Verhalten. Sind die Merkmale des Frau-Schemas mit denen des Kindchenschemas kombiniert, so fallen diese Reaktionen noch verstärkt aus. Gleichzeitig wirken die Schlüsselreize auch auf potenzielle Rivalen.
Bei der Frau lösen die Schlüsselreize des Mann-Schemas ebenfalls sexuelle Annäherung und den Wunsch nach Paarbindung aus.
Auch hier werden die zugrunde liegenden, unwillkürlichen Mechanismen, z. B. in der Werbung, wirtschaftlich ausgenutzt. Dem Wunsch nach gesteigerter Attraktivität wird außerdem durch das große Angebot geeigneter Bekleidung, Kosmetik, Diäten oder Sportarten (z. B. Bodybuilding) Rechnung getragen.

17.2 Lernvorgänge beim Menschen

Zu Beginn seines Lebens erfährt der Mensch eine **prägungsähnliche Fixierung** auf eine oder mehrere feste Bezugspersonen, die ihm Sicherheit und Geborgenheit vermitteln. Diese auch als **Eltern-Kind-Bindung** bezeichnete Beziehung ist für die Entwicklung sehr wichtig. Kann sie z. B. aufgrund fehlender oder ständig wechselnder Bezugspersonen nicht aufgebaut werden, hat das Verhaltensstörungen zur Folge (Hospitalismus).
Auch **Konditionierungen** spielen im Leben eines Menschen eine Rolle. Verbrennt sich beispielsweise ein Kind die Hand an einer Kerzenflamme, ergibt sich daraus eine bedingte Aversion.
Der Mensch besitzt eine stark verlängerte Jugendentwicklung und damit die Möglichkeit, durch **Spiel** und **Nachahmung** auch komplexe Verhaltensweisen einzuüben (z. B. Werkzeuganwendung und Sprache).
Weitere wichtige Lernformen sind das Lernen durch **Versuch und Irrtum** sowie das Lernen durch **Einsicht**, mit denen die für die menschliche Kultur notwendigen kognitiven Fähigkeiten erworben werden (z. B. Abstraktionsfähigkeit beim Rechnen und Zeichnen).

17.3 Sozialverhalten des Menschen

Schon früh in der Entwicklungsgeschichte des Menschen fanden sich über den Familienverbund hinaus **soziale Gruppen** zusammen, die z. B. durch gemeinsame Jagd und Verteidigung gegen Feinde das Leben der Gruppenmitglieder erleichterten.
Auch heute fühlen sich die meisten Menschen einem Verein, einem Staat und einer religiösen oder kulturellen Gruppe angehörig. Der Zusammenhalt innerhalb der Gruppe wird durch gemeinsame Verhaltensweisen (Rituale), Ziele und Äußerlichkeiten (z. B. Kleidungsstil, Uniformen, Vereinstrikots) gestärkt. Wer sich in Aussehen oder Benehmen von der Gruppennorm unterscheidet, wird im Extremfall aus der Gruppe ausgestoßen. Auch zur Abgrenzung gegen andere Gruppierungen werden gemeinsame Gruppenmerkmale herangezogen. Dies zeigt sich z. B. in den irrationalen Vorurteilen gegen Menschen mit anderer Hautfarbe, anderen religiösen Überzeugungen, anderer sexueller Orientierung oder abweichenden politischen Ansichten und kann bis hin zur **Aggression gegen Gruppenaußenseiter** gesteigert werden.

In sozialen Gruppen gibt es ein mehr oder weniger ausgeprägtes **Rangordnungsverhalten**. Dies wird einerseits durch Statussymbole wie Adelstitel, Orden, Kleidung oder Besitz demonstriert, andererseits durch Demutsgesten wie Verneigen oder Gehorsam akzeptiert. Aus der Gruppe bezieht der Einzelne Sicherheit und Bestätigung. Wird einem Menschen über längere Zeit die benötigte Anerkennung durch die Gruppe verweigert, kann sich dies in **Aggression durch Frustration** äußern.

Territorialverhalten zeigt sich beim Menschen u. a. durch das Anlegen von Zäunen oder Mauern um Grundstücke, aber auch durch Staatsgrenzen. Unbefugtes Eindringen wird untersagt. Betritt dennoch ein Fremder das eigene Territorium, wird dies als Aggression empfunden und mit Abwehrverhalten beantwortet. Zum Territorium eines Menschen gehört auch seine natürliche Individualdistanz, die nur sehr vertraute Personen unterschreiten dürfen. Deswegen ist uns das Gedränge in einem vollen Bus oder einem Fahrstuhl so unangenehm. Es ist ein Ausdruck der menschlichen **Selbstkontrolle**, dass das Territorium hier nicht sofort mithilfe von Imponier- und Drohverhalten verteidigt wird.

Stichwortverzeichnis